学科阅读推广工程

张伟忠 主编

语文了得 ⑥

本 册 主 编：李宏绯

编 写 人 员：高雪山　张丽华　赵子山
　　　　　　吴帅梅　郝忠勇　周存良
　　　　　　陈海顺　张秀春　魏梅霞

山东城市出版传媒集团·济南出版社

以阅读拓展语文课堂　用阅读提升学科素养

（代序）

"腹有诗书气自华"。阅读，给人的精神提供滋养，使人的生活更加充实。阅读，不仅要有所喜好，更要有所选择，才能为靓丽幸福的人生筑基。

教材和课堂，给你们奠定了扎实的基础。但是语文世界还有更开阔的视野，需要用更丰盈的心灵、更智慧的头脑去感悟。

近年来，着眼于学生发展核心素养的学科阅读越来越受到重视。以教材为起点，引入丰富的相关文本，拉近课堂与课外的距离，拉近阅读与学习的距离，能使课堂变得更有张力和活力，形成对课程的深度学习，培养学科思维能力，提升学科综合素养，并进一步拓宽学科视野与探究能力。

在此趋势下，我们组织力量，深入调查研究，认真总结分析，反思教材，反思教学，编写了这套《语文来了》。目的是通过彰显语文生命活力，进一步激发学习语文的兴趣，丰富语言文字积累，培养优秀思维品质，积淀深厚文化底蕴。这里有丰富多彩的文学选篇，有别开生面的课文解读，有名家读写的经验之谈，有妙趣横生的语言故事，更有高端大气的文学史知识。

阅读之于语文，无疑是最重要的学习途径。在阅读中，我们的思维过程能触及语文思维能力和学科素养的方方面面。可以这么说，以阅读来体味语文，用阅读提升素养，是走进语文课堂的捷径。

苏霍姆林斯基曾说过："让学生变聪明的方法，不是补课，不是增加作业量，而是阅读，阅读，再阅读。"同学们，我们真诚地期盼，你们能从这套《语文来了》的阅读中，感受到语文学科的丰富多彩、生动有趣、有血有肉，让你们的语文学习之旅走得更有效、更坚实、更宽广。

目 录

一 借物咏怀 ·· 001

[主题阅读] ·· 001
银　杏 ·· 001
海　燕 ·· 003

[含英咀华] ·· 005
高尔基《海燕》略谈 ································ 005
《祖国啊，我亲爱的祖国》赏析 ················ 007

[读写津梁] ·· 008
冰心论创作 ·· 008
诗与思 ·· 009

[文史广角] ·· 012
戴望舒的"星座"情结 ································ 012
苏东坡与"清风明月" ································ 013
泰戈尔与中国新诗 ··································· 016

[趣味语文] ·· 018
唐雎的说话技巧 ······································ 018

二 缤纷人物 ·· 021

[主题阅读] ·· 021
警察与赞美诗 ··· 021
捡到一条旧鞋带 ······································ 026

| [含英咀华] | 028 |

喜剧的氛围，悲剧的内容
——重读《孔乙己》 …………………… 028

浓郁的乡土气息，鲜明的民族特色
——《蒲柳人家》（节选）语言赏析 ………… 032

谈契诃夫的《变色龙》 ………………………… 035

| [读写津梁] | 039 |

为粗手大脚的爹娘画像 ………………………… 039

小说中的肖像描写和语言描写 ………………… 041

| [文史广角] | 044 |

福楼拜教莫泊桑如何细致入微地观察事物 …… 044

| [趣味语文] | 047 |

沈从文："唐代文官的胡子是翘翘的" ………… 047

三 家国情怀 …………………………………… 050

| [主题阅读] | 050 |

"少年中国"的"少年运动" …………………… 050

在东京中国留学生欢迎大会的演说 …………… 053

| [含英咀华] | 057 |

极具现场感的滔滔雄辩 ………………………… 057

——《鱼我所欲也》解读 ……………………… 057

| [读写津梁] | 060 |

时常读读文学经典 ……………………………… 060

| [文史广角] | 062 |

春秋无义战 ……………………………………… 062

| [趣味语文] | 064 |

酒楼赌唱 ………………………………………… 064

四　生命之光

[主题阅读] ………………………………………… 066

敬畏生命 ………………………………………… 066

窗前的树 ………………………………………… 067

[含英咀华] ………………………………………… 069

含蓄和无言之美（节选）

——读朱光潜先生《无言之美》札记 ………… 069

[读写津梁] ………………………………………… 071

反弹琵琶　以虚比实

——关于散文的自白之二 ……………………… 071

怎样写好读书笔记 ……………………………… 072

[文史广角] ………………………………………… 074

论散文的起源 …………………………………… 074

[趣味语文] ………………………………………… 075

绕着弯子的比喻

——曲喻妙谈 …………………………………… 075

五　粉墨人生

[主题阅读] ………………………………………… 077

陈毅市长（节选） ……………………………… 077

五朵金花（节选） ……………………………… 080

[含英咀华] ………………………………………… 083

死板的合同

——关于《威尼斯商人》中的法律问题 ……… 083

郭沫若和他的《屈原》 ………………………… 085

[读写津梁] ………………………………………… 088

读戏曲书　说戏曲事 …………………………… 088

[文史广角] ·············· 090
变　脸 ·············· 090
四大行当 ·············· 092
谭派老生阅历炼成 ·············· 094
[趣味语文] ·············· 096
大师也有做错的事 ·············· 096

六　浩然正气 ·············· 098
[主题阅读] ·············· 098
正气歌（并序） ·············· 098
武侯祠：一千七百年的沉思 ·············· 101
[含英咀华] ·············· 104
重读《曹刿论战》中的鲁庄公 ·············· 104
[读写津梁] ·············· 106
我们为什么要读经典 ·············· 106
[文史广角] ·············· 108
《战国策》纵横谈 ·············· 108
苏轼与王安石的巅峰对决 ·············· 111
[趣味语文] ·············· 114
舌尖上的三国 ·············· 114

七　重温经典 ·············· 117
[经典导读] ·············· 117
《大学》 ·············· 117
《中庸》 ·············· 121
[好书荐读] ·············· 127
卡勒德·胡塞尼：《追风筝的人》 ·············· 127

一　借物咏怀

成长路上的百般波折，终会化成生命的回馈；忧郁的日子终会过去，快乐的日子将会到来；苦不堪言的岁月，需要你有所坚持，相信有所坚守就会有所获。心若向阳，何惧黑夜？内心有阳光，世界就是温暖的。我们虽然无法预知未来，但可以把握当下；我们虽然无法控制事情的发展趋势，但可以尽力而为。许多事，经历过了，才能懂得；许多梦想，沉淀过了，才是美好。哭笑过后，平凡岁月依旧精彩。掬一把阳光，将整个太阳装进你心里，光芒万丈，温暖无限。

红兰花图　[清]　金农

主题阅读

银　杏

郭沫若

银杏，我思念你，我不知道你为什么又叫公孙树。但一般人叫你是白果，那是容易了解的。

我知道，你的特征并不专在乎你有这和杏相仿佛的果实，核皮纯白如银，核仁富有营养——这不用说已经就足以为你的特征了。

但一般人并不知道你是有花植物中最古老的先进，你的花粉和胚珠具有动物般的性态，你是完全由人力保存下来的奇珍。

自然界中已经是不能有你的存在了，但你依然挺立着，在太空中高唱着人间胜利的凯歌。

你这东方的圣者，你这中国人文的有生命的纪念塔，你是只有在中国才有呀，一般人似乎也并不知道。

我到过日本，日本也有你，但你分明是日本的华侨，你侨居在日本大约已有中国的文化侨居在日本那样久远了吧。

你是真应该称为中国的国树的呀，我喜欢你，我特别地喜欢你。

但也并不是因为你是中国的特产，我才特别地喜欢，是因为你美，你真，你善。

你的株干是多么的端直，你的枝条是多么的蓬勃，你那折扇形的叶片是多么的青翠，多么的莹洁，多么的精巧呀！

在暑天你为多少的庙宇戴上了巍峨的云冠，你也为多少的劳苦人撑出了清凉的华盖。

梧桐虽有你的端直而没有你的坚牢；白杨虽有你的葱茏而没有你的庄重。

熏风会媚抚你，群鸟时来为你欢歌；上帝百神——假如有上帝百神，我相信每当皓月流空，他们会在你脚下来聚会。

秋天到来，蝴蝶已经死了的时候，你的碧叶要翻成金黄，而且又会飞出满园的蝴蝶。

你不是一位巧妙的魔术师吗？但你丝毫也没有令人掩鼻的那种江湖气息。

当你那解脱了一切，你那槎枒的枝

银杏枝叶

干挺撑在太空中的时候，你对于寒风霜雪毫不避易。

那是多么的嶙峋而洒脱呀，恐怕自有佛法以来再也不曾产生过像你这样的高僧。

你没有丝毫依阿取容的姿态，但你也并不荒伧；你的美德像音乐一样洋溢八荒，但你也并不骄傲；你的名讳似乎就是"超然"，你超然在一切的草木之上，你超然在一切之上，但你并不隐遁。

你的果实不是可以滋养人，你的木质不是坚实的器材，就是你的落叶不也是绝好的引火的燃料吗？

可是我真有点奇怪了：奇怪的是中国人似乎大家都忘记了你，而且忘记得很久远，似乎是从古以来。

我在中国的经典中找不出你的名字，我很少看到中国的诗人咏赞你的诗。也很少看到中国的画家描写你的画。

这究竟是怎么一回事呀，你是随中

国文化以俱来的亘古的证人，你不也是以为奇怪吗？

银杏，中国人是忘记了你呀，大家虽然都在吃你的白果，都喜欢吃你的白果，但的确是忘记了你呀。

世间上也尽有不辨菽麦的人，但把你忘记得这样普遍、这样久远的例子，从来也不曾有过。

真的啦，陪都不是首善之区吗？但我就很少看见你的影子，为什么遍街都是洋槐，满园都是幽加里树呢？

我是怎样的思念你呀，银杏！我可希望你不要把中国忘记吧。

这事情是有点危险的，我怕你一不高兴，会从中国的地面上隐遁下去。

在中国的领空中会永远听不着你赞美生命的欢歌。

银杏，我真希望呀，希望中国人单为能更多吃你的白果，总有能更加爱慕你的一天。

（作者：郭沫若）

这是一篇托物寄情、咏物寓志的散文。它寄寓了作者对伟大的中华民族和英雄的中国人民品质的热情赞颂。在郭沫若先生的笔下，银杏这种美丽的树是中国以及中国人的代表。作者说它古老，说它美，说它真，说它善，也恰恰是在赞美我们的祖国历史悠久、美丽、真诚与善良。银杏的蓬勃、端直、挺立、坚牢、庄重、嶙峋、洒脱，正是作为一个中国人应有的正直、坚强与不屈。

海 燕

郑振铎

乌黑的一身羽毛，光滑漂亮，积伶积俐，加上一双剪刀似的尾巴，一对劲俊轻快的翅膀，凑成了那样可爱的活泼的一只小燕子。当春间二三月，轻飔微微地吹拂着，如毛的细雨无因地由天上洒落着，千条万条的柔柳，齐舒了它们的黄绿的眼，红的白的黄的花，绿的草，绿的树叶，皆如赶赴市集者似的奔聚而来，形成了烂漫无比的春天时，那些小燕子，那么伶俐可爱的小燕子，便也由南方飞来，加入了这个隽妙无比的春景的图画中，为春光平添了许多的生趣。小燕子带了它的双剪似的尾，在微风细雨中，或在阳光满地时，斜飞于旷亮无比的天空之上，唧的一声，已由这里稻田上，飞到了那边的高柳之下了。再几只却隽逸地在粼粼如縠纹的湖面横掠着，小燕子的剪尾或翼尖，偶沾了水面一下，那小圆晕便一圈一圈地荡漾开去。那边还有飞倦了的几对，闲散地憩息于纤细的电线上——嫩蓝的春天，几支木杆，几痕细线连于杆与杆间，线上停着几个粗而有致的小黑点，那便是燕子，是多么有趣的一幅图画呀！还有一家家的快乐家庭，他们还特地为我们的小燕子备了一个两个小巢，放在厅梁的最高处，假如这家有了一个匾额，那匾后便是小燕子最好的安巢之所。第一年，小燕子来住了，第二年，我们的小燕子，就是去年的一对，它们还要来住。

"燕子归来寻旧垒。"还是去年的主，还是去年的宾，他们宾主间是如何的融融泄泄呀！偶然的有几家，小燕子却不来光顾，那便很使主人忧戚，他们邀召不到那么隽逸的嘉宾，每以为自己命运的蹇劣呢。

这便是我们故乡的小燕子，可爱的活泼的小燕子，曾使几多的孩子们欢呼着，注意着，沉醉着，曾使几多的农人、市民们忧戚着，或舒怀地指点着，且曾平添了几多的春色，几多的生趣于我们的春天的小燕子！

如今，离家是几千里，离国是几千里，托身于浮宅之上，奔驰于万顷海涛之间，不料却见着我们的小燕子。

这小燕子，便是我们故乡的那一对，两对吗？便是我们今春在故乡所见的那一对，两对吗？

见了它们，游子们能不引起了，至少是轻烟似的，一缕两缕的乡愁吗？

海水是皎洁无比的蔚蓝色，海波平稳得如春晨的西湖一样，偶有微风，只吹起了绝细绝细的千万个粼粼的小皱纹，这更使照晒于初夏之太阳光之下的、金光灿烂的水面显得温秀可喜。我没有见过那么美的海！天上也是皎洁无比的蔚蓝色，只有几片薄纱似的轻云，平贴于空中，就如一个女郎，穿了绝美的蓝色夏衣，而颈间却围绕着一段绝细绝轻的白纱巾。我没有见过那么美的天空！我们倚在青色的船栏上，默默地望着这绝美的海天；我们一点杂念也没有，我们是被沉醉了，我们是被带入晶莹的天空中了。

就在这时，我们的小燕子，二只，

三只，四只，在海上出现了。它们仍是隽逸地从容地在海面上斜掠着，如在小湖面上一样；海水被它的似剪的尾与翼尖一打，也仍是连漾了好几圈圆晕。小小的燕子，浩莽的大海，飞着飞着，不会觉得倦吗？不会遇着暴风疾雨吗？我们真替它们担心呢！

小燕子却从容地憩着了。它们展开了双翼，身子一落，落在海面上了，双翼如浮圈似的支持着体重，活是一只乌黑的小水禽，在随波上下地浮着，又安闲，又舒适。海是它们那么安好的家，我们真是想不到。

在故乡，我们还会想象得到我们的小燕子是这样的一个海上英雄吗？

海水仍是平贴无波，许多绝小绝小的海鱼，为我们的船所惊动，群向远处窜去；随了它们飞窜着，水面起了一条条的长痕，正如我们当孩子时之用瓦片打水漂在水面所划起的长痕。这小鱼是我们小燕子的粮食吗？

小燕子在海面上斜掠着，浮憩着。它们果是我们故乡的小燕子吗？

啊，乡愁呀，如轻烟似的乡愁呀！

（作者：郑振铎；选自《郑振铎散文选集》。有删节）

赏析

《海燕》一文中，作者抓住燕子的特征，用细腻的笔触托物言志，借身处异乡时看见的小燕子表达了对祖国故乡的思念之情。

文章一开头对小燕子进行了白描："乌黑的一身羽毛，光滑漂亮……那么伶俐可爱的小燕子，便也由南方飞来。"作者通过对小燕子体态和神态简洁地描写，出神入化地把小燕子轻盈曼妙的身姿、活泼可爱的性格完全展现在读者面前。紧接着作者以春天为大背景，写出了美好季节中小燕子欢快地迁徙场面，并描绘了小燕子与春天相融为一的美丽图画。小燕子每年由南方飞来，到各家筑巢，作者通过展开对小燕子接连不断地带来更多伙伴的叙述，为下文进一步的描写和思乡之情的引出，做了铺垫。

含英咀华

高尔基《海燕》略谈

高尔基

《海燕》作于1901年3月。19世纪初,欧洲爆发的工业危机很快就蔓延到了俄国,在1900年到1903年的危机年代里,俄国倒闭了3000多家大小企业,被开除的工人达10万多人。工业危机和失业痛苦并没有迫使工人运动停止,也没有把它减弱,相反,工人开始从经济罢工转到政治罢工,并转到游行示威,提出关于民主自由的政治要求,提出"打倒沙皇专制"的政治口号,使得工人斗争更具革命性质。工人革命斗争的发展,对农民与学生的运动也产生了影响。列宁在1901年12月写的《示威游行开始了》一文中这样说:"现在我们已经看到示威运动正由于种种原因而在下新城、在莫斯科再次高涨起来。民愤到处都在增长,把这种愤懑汇合成为一道冲击到处横行霸道、肆虐逞凶的专制制度的洪流,愈来愈必要了。……当人民的愤懑和公开的斗争到处开始迸发火星的时候,首先和主要的是供给大量的新鲜空气,使这些星星之火能够燃烧成熊熊的烈火!"

正当俄国革命运动不断高涨的时刻,高尔基在1901年2月19日从尼日尼—诺夫戈罗德(现名高尔基城)到了彼得堡,参加俄国作家协会为纪念农奴解放40周年而举行的特别会议,发表了抨击沙皇政府的尖锐演说。接着3月4日他又参加了在彼得堡喀山大教堂附近举行的学生示威游行,目睹了沙皇宪警对学生的血腥镇压。之后,他回到尼日尼—诺夫戈罗德,根据自己在彼得堡的经历,结合当时的革命斗争形势,写成了一篇带有象征意义的短篇小说"幻想曲"《春天的旋律》(也有人译为《迎春曲》),它的结尾部分,就是著名的《海燕》。

高尔基在《春天的旋律》里说,当春天即将来临的时候,在他房间窗外面的花园里,有一群鸟儿在交谈着和歌唱着,他们争论的是关于"大自然即将苏醒"和"自由"与"宪法"等问题。其中"七等文官老麻雀"是个自由主义者,他曾经也梦想过自由与宪法,他轻轻地喊过"自由万岁!",但立即又大声地补充一句:"在法律限制的范围以内。""令人尊敬的老乌鸦"讲话一向简短扼要,她老是叫着"乌哇——是事实!",既持重,又肯定。"告密者年轻的大公鸡"则"本着职分所在""要细听栖息于空中、水里和地下的一切生物的谈话,并且严密注意他们的行动"。他特别注意刚飞来的一群金翅雀,因为他们胆敢希望整个大自然很快就要苏醒。"四等文官灰雀"闻到空气里有股什么气味,他在打牌的时候,听到一只"世袭的可敬的鸥鹨"也讲过同样的话,表示要察看,要追究,要"弄个明白"。这时"诗人云雀"飞来了,他预言到黑夜渐渐消逝,曙光正在微笑,"我要迎接朝阳,迎接清晨,迎接光明和自由"。不用说,"四等文官灰雀"和"告密者年轻的大公鸡"是都瞧不起云雀的,灰雀甚至骂他是"一只多么灰色的下流货"。而在花园的角落里,有一群金翅雀坐在老菩提树的树枝上,听着其中一只带有鼓舞力地唱着他从什么地方听来的一首关于海燕的歌。

高尔基写的这篇作品把鸟儿加以"人格化",而且对其中某些鸟儿加上官衔和称号,用来讽刺俄国社会各阶级的代表人物和抨击沙皇统治,在当时是无法发表的。高尔基原想在莫斯科的《信使报》上发表,但遭到审查当局的否决。高尔基又立即把这篇小说寄给彼得堡的《生活》杂志,也同样遭到审查当局的否决。但其结尾《海燕之歌》却被单独发表在当年四月号的《生活》杂志上,这是由于沙皇审查当局"漏审的疏忽"。《生活》杂志主编波塞曾这样回忆说:"《海燕》是经过审查官叶拉庚事先审查后发表的,但他没有看出它有什么革命性的东西。"审查当局不久就发现"漏审的疏忽"所造成的严重错误,下令查封了《生活》杂志。

《海燕》当时是不胫而走,以各种形式传遍全俄国,被引用进革命传单,被编印在国外出版的革命诗歌集中。高尔基本人真正成了革命暴风雨来临前的海燕,他不仅宣告,而且还召唤革命暴风雨的来临。正因为这样,沙皇宪警当局对他采取了种种迫害,当年四月把他逮捕关进监狱。但俄国革命的风暴却更加猛烈了。

《祖国啊,我亲爱的祖国》赏析

一提起祖国,人们往往会想起长江、长城、黄山、黄河、四大发明、地大物博……以一种貌似豪放实则空洞的虚假,去歌颂祖国的强盛伟大。舒婷反其道而为之,独辟蹊径,直面祖国灾难深重的古老历史及其严峻的现实,通过选取大量新鲜活泼、意义隽永的意象,以蒙太奇的方式剪辑组合成一幅幅流动凝重的画面,配之以舒缓深沉的节奏,唱出实实在在的对祖国的款款深情。

在诗人的心中,祖国不再是大而空的抽象,而是饱经沧桑的过去、贫穷凋敞的现实与绯红黎明希望的交织体。作为抒情主体,诗人让自己与诗中的意象相互融合,让物化的自我形象,汇注于祖国的形象之中。"我是你河边上破旧的老水车""我是你额上熏黑的矿灯""我是你祖祖辈辈痛苦的希望""我是你簇新的理想""我是你挂着眼泪的笑涡""我是你的十亿分之一""我是你九百六十万平方的总和"……诗人既是生长在祖国母亲怀抱里的一个简单的个体,又是与祖国一同经受苦难屈辱、一同挣脱羁绊、一同走向希望的统一体。

这首诗宛如一曲多声部的交响曲。前两节沉郁、凝重,充满对祖国灾难历史、严峻现实的哀痛;后两节清新、明快,流露出祖国摆脱苦难、正欲奋飞的欢悦。同时,诗歌表达出经历挫折的一代青年,与祖国共呼吸共命运,以自己的血汗去换取祖国富饶、荣光、自由的心声。

(作者:李霆鸣)

读写津梁

冰 心

冰心论创作

抄袭的文字,是不表现自己的;勉强造作的文字也是不表现自己的,因为他以别人的脑想为脑想,以别人的论调为论调,就如鹦鹉说话、留声机唱曲一般。纵然是声音极嘹亮,韵调极悠扬。我们听见了,对于鹦鹉和留声机的自身,起了丝毫的感想了没有?仿杜诗,抄韩文,就是抄了全段,仿得逼真,也不过只是表现杜甫韩愈,这其中哪里有自己!

无论是长篇,是短篇,数千言或几十字,从头至尾,读了一遍,可以使未曾相识的作者,全身涌现于读者之前。他的才情、性质、人生观,都可以历历地推知。而且同是使人脑中起幻象,这作者和那作者又绝对不同的。这种的作品,才可以称为文学,这样的作者,才可以称为文学家!"能表现自己"的文学,是创造的、个性的、自然的,是未经人道的,是充满了特别的感情和趣味的,是心灵里的笑语和泪珠。这其中有作者自己的遗传和环境,自己的地位和经验,自己对于事物的感情和态度,丝毫不可挪移，不容假借的，总而言之，这其中只有一个字"真"。所以能表现自己的文学，就是"真"的文学。

"真"的文学，是心里有什么，笔下写什么，此时此地只有"我"——或者连"我"都没有——前无古人，后无来者，宇宙啊，万物啊，除了在那一刹那融在我脑中的印象以外，无论是过去的、现在的、将来的，都摒绝弃置，付与云烟。只听凭着此时此地的思潮，自由奔放，从脑中流到指上，从指上落到笔尖。微笑也好，深愁也好，洒洒落落、自自然然地画在纸上。这时节，纵然所写的是童话，是疯言，是无理由，是不思索，然而其中已经充满了"真"。文学家，你要创造"真"的文学吗？请努力发挥个性，表现自己。

——《文艺丛谈》

文章写到有了风格，必须是作者自己对于他所描述的人、物、情、景，有着浓厚真挚的情感，他的抑制不住冲口而出的，不是人云亦云东抄西袭的语言，乃是代表他自己的情感的独特的语言。这语言乃是他从多读书、善融化得来的鲜明、生动、有力、甚至有音乐性的语言。

——《关于散文》

散文是我最喜欢的文学形式，它短小自由，最能迅速而流畅地表达作者一时兴起的思想和情感。我自己不善于写长文章，而往往又有些随感，不吐不快，这时拿起笔来，把涌溢的情思，自由地挥洒倾泻在纸上，就往往写成一篇不拘于格律声韵的短小散文。这些散文可以写得痛快淋漓，也可以写得缠绵宛转，意到笔到，一挥而就。

——《漫谈散文》

我总觉得，凡是为了非倾吐不可而写的作品，都是充满了真情实感的。反之，只是为写作而写作；如上之，为应付编辑朋友；下之，为多拿稿费。这类文章大都是尽量地往长里写，结果是即便有一点点的感情，也被冲洗到水分太多、淡而无味的地步。

当由一个人物，一桩事迹，一幅画面而发生的真情实感，向你袭来的时候，它就像一根扎到你心尖上的长针，一阵卷到你面前的怒潮，你只能用最真切、最简练的文字，才能描画出你心尖上的那一阵剧痛和你面前的那一霎惊惶！

——《话说短文》

诗与思

写诗，是召唤人类对于爱的珍惜与渴望。换句话说，就是让我们找回感动。我的诗歌有阅历的人读来似乎更有味道一些，她们是与大地和人对话的。世界的本质性的情绪，包括孤独、无助、绝望，当然，还有爱恋，这是我的诗歌生涯的主题与主体。让诗歌成为诗歌，让诗意的合法性得到合理的呈现，让诗走向喜欢她的人，这是一个好诗人的责任。诗歌不是写给自己，而是写给需要之人。

我从六岁开始写诗，数十年如一日，迄今为止，已经发表过两万多首作品，出版了近百种诗歌与其他形式的文学作品集，其中，三十二卷之巨的《鹏鸣文集》《鹏鸣情诗经典》《鹏鸣抒情诗选》《鹏鸣情诗选》《鹏鸣乡土诗选》《鹏鸣抒情长诗选》《致情人365》《秋夜听风》等在读者中影响较大，反响很是强烈。我开初写诗，因为年龄尚小，理论指引的根底比较浅，因此，主要依靠自己的天赋和悟性，在不断探索中实现嬗变。但无论怎么变化，我都在努力尝试写出人类深沉的绝望和人生深邃的情感，这是一种由无意识到有意识的自觉。后来，当我阅读过荷尔德林、尼采、聂鲁达、博尔赫斯等大师们的诗歌之后，我惊异地发现，我自己的作品也无师自通地有着人类共通的属性，有着"普世伦理"的垂注，有着神启的成分。比如在不断暗示、不断消解中，也不断地同人类的大我做深的倾诉与交谈。

在我的各类诗歌作品中，《致情人365》是我自己比较偏爱的一部。在这部作品的写作过程中，我几乎保持了对于任何一个女性的美好想象。事实上，女性一开始就是与艺术与真与美紧密地联系在一起的。这就使我的诗歌一定会有一种圣洁纯粹的东西。我试图依凭自我的直觉来写出现代性带来的焦虑与忧伤。我的一些学生和众多的读者朋友，说他们在读了这部作品后，难以自制地流了很多感动与痛彻的泪水，曾有一个博友更是夸张地说，自己几乎是用一生的泪水来阅读这部对于美丽女性的向往与切肤之痛的著作。我相信，这样的泪水，在对作者极大鼓舞的同时，也会深深地感染着同样热爱诗歌的人们。当然，现实不会接受这样的爱情，注定唯美的气质和超功利的现实人生催生了诗人积极向上也略带伤感的情怀，他们注定在现代性合法性的体制中渐渐逃离，最终只留下往事与青春的印痕而已。

但是诗人也是快乐的。诗人写出了可能的生活，想象的生活，一开始与世界的接触就是从语言进入的，正如海德格尔所说"语言是危险的财富"，诗人永远是在火中跳舞。诗歌写作，让诗人找到了合法化的情感表达，从这个意义上讲，诗人的写作已经不再是诗人自身的写作,而是走向人类的、走向普适的生命与生命的对话与沟通。在包括了《致情人365》,以及当下即将出版的这本《绝妙诗语》的集子在内的我的一些作品中,我写出了自然之爱、人性之爱、尘世之爱、人类之爱,营构了欲望与诗歌(文学),与艺术、与人性、与世界的终极之间的关系,它是圣洁的、独立的、兼容的、谦卑的、向善的、抵达世界本质的爱。这不仅成就了创作,也成就了诗人自我生命探寻的过程。海德格尔在《荷尔德林诗的阐释》中写道:"诗人的欢乐事实上乃是歌者的忧心,歌者的歌唱守护着作为隐匿者的极乐,并且使梦寐求的东西在有所隐匿的切近中变得近在咫尺。"

时常,会遇到一些写诗或关心诗歌的朋友,以及一些媒体的朋友,希望我能谈谈自己的诗歌观。事实上,我是个敏于行而不善于阐述的诗人,我也不是很重视一些具体到琐碎的操作层面的诗歌理论。我以为,一个诗人,对诗歌有个比较宏观的认识就足够了,重心还是案上功课。这个"宏观"的认识是:诗歌要善于依存直觉。直觉即发现,直觉即是生命,直觉即真理的可能。诗歌需要抒情,即使是再生活化平民化的日常化的语言,都会包含着诗人对于历史、人生、世界呈现的思考。从本真意义上讲,这是自我情感投射的表象与确证,也是对于诗歌所有表现维度情感的深层的文化认同,诗歌的根是想象。对于语言的想象,对于历史的想象,对于文化的想象,对于一种生活的想象,对于人类命运终极可能的想象。没有想象,我们可能会让诗歌越来越抽象,越来越苍白,越来越趋于道德家与政治家说教的"传声筒"。诗人要学会"隐匿"存在,在暗处召唤读者相应的情绪共鸣。诗人还必须学会关怀所有熟悉与不熟悉的个体,把你或深或浅的人生经验与世界本质的体悟,传达给读者。回到前面的话题,诗人已经不属于个人,而是属于生命、时代、人类,以及那些伟大的沉潜于诗与思的人们。

诗歌写作,是一个过程,一种试图与人们进行心灵对话、医疗人们灵魂的钥匙,一扇积极构建生命意图与人生理想的可能之门。它用文本召唤在洞悉人类秘密的精神通道里沉潜的心灵。诗歌是寂静,诗歌是疼痛,诗歌是孤独。选择做诗人,在某种意义上是走上了一条不归之路。当然,这条路,我会一如既往地继续走下去,我的一生,选择与诗歌一起生活,用诗的形式探讨人生的诗意。

(作者:鹏鸣)

文史广角

戴望舒的"星座"情结

戴望舒

每年在纪念中国抗日战争时，我们依然能想起那些在抗日前线抛头颅、洒热血的英雄儿女。这里既有与敌人面对面浴血奋战的无畏战士，也有在文化战线同日寇殊死搏斗的知识分子，有"雨巷诗人"之称的戴望舒就是其中一位。

戴望舒 1905 年生于浙江杭县（今杭州市），青年时代即开始新诗创作，其作品十分讲究意境的营造和语言的锤炼，追求朦胧隽永的灵动意象，是 20 世纪 30 年代"现代派"诗人的代表。

戴望舒早期作品多抒发个人情怀和生活遭遇，情调较为低沉，有落寞和厌倦之感。1937 年七七事变的炮火改变了诗人的命运，使他走上一条为中国而歌唱的战斗历程。

八一三事变后，日寇悍然侵占上海，许多文化人士纷纷逃离虎穴，戴望舒与叶灵凤、徐迟、袁水拍、叶浅予、张光宇等人一起，辗转千里抵达当时相对安全的香港。

此时著名实业家胡文虎先生正筹办《星岛日报》，急需副刊编辑，朋友介绍戴望舒前去面谈。胡文虎父子对戴望舒慕名已久，由他来主持报纸副刊可谓最佳人选。

双方一拍即合，戴望舒便出任《星岛日报》副刊主笔。他为副刊起了个寓意深刻的名字：星座。

戴望舒在创刊词中说："'星座'现在寄托在港岛，编者和读者当然都希望这阴霾的日子早些终了。晴朗固好，风暴也不坏，总觉比日下痛快些。'星座'将忠实地代替天上的星星，与港岸周遭的灯光尽一点照明之责。"试想，没有一颗拳拳的爱国之心，何来如此姿态鲜明的发言？

戴望舒名声大、人缘好，由他主持报纸副刊很有感召力，海内外进步作家郭沫若、艾青、茅盾、沈从文、郁达夫、萧军、萧红、娄适夷等都成了《星座》的专栏作家或撰稿人。

戴望舒利用手中阵地，凭借香港的

特殊环境，编发了大量宣传抗日的文学作品，使《星座》成为流亡海外的中国人心中的"星座"。由于《星座》办得好，《星岛日报》自然声誉日隆、订户大增，很快跃为香港主流媒体。

然而，随着日寇侵略气焰日益嚣张，港英当局为维持英日关系，对宣传抗日的媒体"防范"日紧，《星座》自然成了新闻检查官的主审目标。于是，戴望舒就尽量在版面上回避敏感的文字，搞借古讽今，实在难以应付时，便"开天窗"以沉默抗议，有时更在文后加注"此处删去百余字"等字样。

1941年12月太平洋战争爆发后，日军侵占香港及南洋诸岛。戴望舒因主持《星座》副刊对抗日寇被捕入狱，《星座》也被迫停刊。在狱中，这位"雨巷诗人"威武不屈，写出《狱中题壁》和《我用残损的手掌》等战斗诗篇，显示了一位中国文人的铮铮铁骨。

戴望舒在《我用残损的手掌》中抒发了对苦难中国的一片深情，表达了他对抗日根据地的由衷向往，他用"残损的手掌"抚摸祖国"广大的土地"，手指沾满"血和灰"，发现遥远的地方却有"完整的一角"，那里充满"温暖和明朗"，他要用"残损的手掌"去开拓"永恒的中国"！全诗26行一气呵成，倾注了一个"阶下囚"爱国思乡和抗日到底的坚贞信念。

（作者：马承钧；选自《北京日报》2005年7月25日。有删节）

苏东坡与"清风明月"

苏轼在仕途上屡次大起大落，曾一年之内三次升迁，也曾一月之内三被贬黜。他正是在逆境中崛起，攀登上功业的辉煌巅峰，一如其晚年自矜道："问汝平生功业，黄州惠州儋州。"苏轼的逆境崛起大得江山之助，他自幼性耽山水，其弟苏辙曾这样追忆道："昔余少年从子瞻游。有山可登，有水可浮，子瞻未始不褰裳先之。有不得至，为之怅然移日！至其翛然独往，逍遥泉石之上，撷林卉，拾涧实，酌水而饮之，见者以为仙也。"（《武昌九曲亭记》）

他被贬黄州、惠州、儋州期间，更与山水结下了不解之缘，即如择居，亦必邻近山水胜境，借百变之风光驱忧陶情，如黄州"寓居去江无十步，风涛烟雨，晓夕百变，江南诸山在几席"（《与司马温公》）。苏轼长期"餐山色，饮湖光"，提炼出一个精警的人生命题——"清风明月"乃天赋失意者的共适宝藏，"且夫天地之间，物各有主，苟非吾之所有，虽一毫而莫取。唯江上之清风，与山间之明月，耳得之而为声，目遇之而成色；取之无禁，用之不竭。是造物者无尽藏也，而吾与子之所共适"（《前赤壁赋》），此论通达恢宏，令人油然联想到苏轼一蓑烟雨任平生的神姿，真不知给历代蹭蹬志士几多宽慰与鼓舞！

（一）

上述"清风明月"，实即山水自然美景的代称。作为一个大学者，苏轼首先视山水大自然为体真悟道的媒介，"杖黎观物化，亦以观我生"，注重从理性高度涵养旷达的情怀和超迈的气概。远谪窜贬之士，身处积毁销骨之地，难免有畏谗慎祸的危机感，即便贤达如苏轼，也在所难免，如他初贬黄州，"深自闭塞，扁舟草履，放浪山水间，与樵鱼杂处，往往为醉人所推骂，辄自喜渐不为人识。……自得罪后不敢作文字"（《答李端叔》），但苏轼毕竟是苏轼，他的"深自闭塞"，只是中断与官场的应酬往来，并未放弃"放浪山水"；他的"不敢作文字"，也只是暂时的沉寂，层层文网最终还是束缚不住他那如椽巨笔。有一点弥为可贵：苏轼不但从形象言行上，而且从思想理念上扫除惧祸之感，屹然树立自尊自傲自乐的坚定信念。《飓风赋》颇值一读，苏轼纵笔极状飓风"势翻渤澥，响振坤轴"的场景后，翻笔推衍出自己的哲思理悟："呜呼！小大出于相形，忧喜困于所遇""陋耳目之不广，为外物之所变""向之所谓可惧者，实耶虚耶？惜吾知之晚也"。在他看来，万象旋生旋灭，耳目陋者方为外物所惧，故他总是以睿智之性鉴古知今、穷理尽性，企达"一眼吞江湖，万象涵古今"的高远境界。唯其如此，他远贬岭南，才不以政治迫害为忧，傲然吟道："浩然天地间，唯我独也正。"（《过大庾岭》）再贬海南岛，"食无肉，病无药，居无室，出无友，冬无炭，夏无寒泉"，他仍不堕抗世之志，以酒啸诗游为乐。

渡海北归后，他冷眼观世，孤贞耿介情操更为弘扬，特借月自喻道："浮云时事改，孤月此心明。"（《次韵江晦叔》）苏轼雄健勃发的生命活力正源于参契天地之道后的坚定信念，一新天下人耳目，文曰："客亦知夫水与月乎？逝者如斯，而未尝往也；盈虚者如彼，而卒莫消长也。盖将自其变者而观之，则天地曾不能以一瞬；自其不变者而观之，则物与我皆无尽也，而又何羡乎？"体物悟道如此，可谓达观至性、潇洒至神。苏轼洗脱常人伤感，故明知"平生文字为吾累"，但甫脱乌台诗狱，又"试拈诗笔已如神"，这正体现了他自觉的人生选择，"诗能穷人，所从来尚矣，而于轼特甚……人生如朝露，意所乐则为之，何暇计议穷达"（《答陈师仲书》）明乎此，更令人钦佩下列诗词名句所内含的乐天精神与雄豪气魄，"寓身此世一尘沙，笑看潮来潮去了生涯"（《南歌子·八月十八日观潮》）；"九死南荒吾不恨，兹游奇绝冠平生"（《六月二十日夜渡海》）；仰无愧于天，俯不怍于人，自能掀髯一笑对厄运；仁者得仁，虽死又有何憾恨！

（二）

苏轼擅长把对"清风明月"的审美，凝晶为千古不朽的文学作品，山水大自然成为他创作上永不枯竭的源泉。他的文学创作成就与山水亲和程度存在着有趣的正比例，外任与谪居之作远胜于京师之作，连他自己都说："某江湖之人，久留辇下，如在樊笼，岂复佳思也。"（《答刘贡父》）

苏轼对山水大自然一往情深，他意识到山水胜景需借大手笔驰誉天下，"壮观应须好句夸"（《望海楼晚景》）。每到名山秀水，总是吟诗作文，俨然以传名扬声为己任，其诗戏谑道："不将新句纪兹游，恐负山中清净债。"（《与胡祠部游法华山》）事实上，名胜佳景，一经苏轼题咏，顿然身价百倍，留芳千载，如杭州西湖因《饮湖上初晴后雨》而荣膺"西子湖"雅名，黄州赤鼻矶因两篇《赤壁赋》而长享"武赤壁"荣耀，钱塘怒潮、登州海市、泰山日出、庐山西林寺、白水山佛迹岩皆因苏轼挥毫而声望益隆。

文学创作与山水名胜的关系实乃双向促进，寻幽探胜也推动了苏轼的文学创作，其诗曰："游遍钱塘湖上山，归来文字带芳鲜。"（《送郑户曹》）他曾拈笔盛赞山水为诗人提供了诗料诗思诗心，"水洗禅心都眼净，山供诗笔总眉愁"（《次韵送张山人归彭城》）。他宦游天下，即嗜好"行歌白云岭，坐咏修竹风"（《游鹤林招隐》）。他曾总结心得体会，提倡以空静心态观察自然与社会，"欲令诗语妙，无厌空且静。静故了群动，空故纳万境。阅世走人间，观身卧云岭"（《送参寥师》），意谓静以观动，方知天地万物生息运行之妙；空以纳象，乃摄三界万境虚实变化之理。

正如苏轼所言："嗟我本狂真，早为世所捐。独专山水乐，付与宁非天。"（《怀西湖寄晁美叔同年》）苏轼能在逆境中奋然崛起，超越自我，超越历史，成为历代文人的人格楷模与文学典范，"清风明月"功不可没。

（作者：章尚正）

泰戈尔与中国新诗

"泰戈尔是伟大的诗人、哲学家、爱国者、艺术家,深受中国人民的尊敬。泰戈尔对中国的热爱,对中国人民民族斗争的支持,会永远留在中国人民的记忆中。"这是周恩来总理1956年访问印度时,对泰戈尔和他在中国的影响所做的高度评价。

泰戈尔的创作成果丰硕,一生写了50多部诗集,长中篇小说12部,短篇小说百余篇,戏剧20余种。他还是一位造诣很高的音乐家和画家,共作有2000多首优美动听的歌曲,其中一首被定为今天印度的国歌;他在古稀高龄学习绘画,共有1500多幅画作,曾在世界多地展出。1912年问世的抒情诗集《吉檀迦利》,由他自己将其译成英文发表后,驰名欧洲。1913年,泰戈尔荣获诺贝尔文学奖。在艺术上,他继承了古典文学和民间文学的优良传统,他的诗歌格调清新,感情真挚,意境隽永,语言秀丽。

1920年后,泰戈尔著作开始大量传入我国。1923年,《小说月报》出版了《泰戈尔号》专刊,刊登了他的诗歌、小说和戏剧的译文以及东西方文艺批评家关于他的评论文章。在五四运动后短短数年间,泰戈尔的主要著作都有了中译本,如诗集《吉檀迦利》《采思集》《新月集》《园丁集》;长篇小说《家庭与世界》和《沉船》等。

泰戈尔的世界观充满了矛盾,但总的倾向是进步的。政治上具有强烈的爱国激情,反对殖民主义和封建主义的鲜明倾向以及同情劳动人民的人道主义;哲学上追求"精神自由""自我解放"的泛神论思想;创作上的批判现实主义精神,则始终是他整个创作实践的主线。他作品中的这种主导思想,恰好与我国当时彻底地反帝反封建的思想,蔑视权威、宣扬个性解放的时代精神相合,这就使泰戈尔的著作尤其受到我国读者的重视。

从对五四文学革命的影响来看,泰戈尔那些"表现自我"、追求"精神自由"、洋溢着泛神论思想的诗歌,正适合诗人驰骋自己丰富的想象力,使当时"创造社"的一些浪漫主义作家找到了反封建的"喷火口"。他的醇美犀利、情真意切、构思巧妙的现实主义小说,对"文学研究会"中那些作家有着强烈的魅力。

郭沫若是受泰戈尔影响最早、最大,也是最深刻的一位诗人。他自己曾说:"最先对泰戈尔接近的,在中国恐怕我是第一个。"郭沫若在日本留学期间,目睹日本帝国主义加紧侵略中国的现状。他说:"我们在日本留学,读的是西洋书,受的是东洋气。"他的美好幻想被丑恶现实碰得粉碎,对国家和个人的前途都感到茫然,思想陷入了"最彷徨不定而且最危险的时候",而使郭沫若摆脱这一思想危机的便是泰戈尔。郭沫若在学医的同时,读到了泰戈尔的《吉檀迦利》《园丁集》《新月集》等诗集。泰戈尔的恬然静谧的诗句,像醇美的甘泉,注入了郭沫若久旱的心田,掀起了他激越的感情波澜,涤荡了他胸中的愁苦,把他从虚无缥缈的冥想彼岸,拉回到现实的此岸世界,清醒地正视人生和未来。五四运动前后,郭沫若由于把爱国主义精神、个性解放和从泰戈尔那里接受的泛神论思想,熔于一炉,汇合成一股反抗现实,冲破封建桎梏的豪迈激情,才写出了惠特曼式的雄浑豪放的、在五四新文学运动中最伟大的诗集——《女神》,为我国新诗开辟了一个崭新的时代。

冰心是受泰戈尔影响较大的另一位五四新文学运动早期的诗人。可以说,郭沫若是受到了泰戈尔的深刻影响,以惠特曼和歌德的雄伟气魄崛起于诗坛,从而承继了屈原、李白和杜甫的优良传统。冰心没有郭沫若那种气吞山河的雄伟气魄,但是,她却奇妙地承袭了泰戈尔《飞鸟集》的小巧晶莹,以露珠般的小诗,闪烁在五四新文学的黎明。1981年,冰心在《吉檀迦利》译者序中回忆说:"泰戈尔是我年轻时代最爱慕的外国诗人。"早在1920年,冰心还在华北协和女子大学读书时,就写了一篇散文《遥寄印度诗人泰戈尔》,表达了她对泰戈尔无比崇敬的心情。

中国堪称诗国,古诗千万,短诗最多。《诗经》305篇都不长;唐代有五七言绝句;元代有小令和不成套的散曲,都是短小诗词。可以说,篇幅短小也是我国诗歌的特点。1922年秋,"文学研究会"发起人之一郑振铎出版了他译的泰戈尔的《飞鸟集》。《飞鸟集》出版以后,中国诗坛上一种以表现随感式的"短诗"或"小诗",很快流行起来,风靡一时。正如郑振铎在《飞鸟集》1933年版本序中所说:"近来小诗十分发达。它们的作者大半都是直接或间接受泰戈尔此集的影响的。"五四时期,小诗作者很多,康白情、俞平伯、汪静之、冯雪峰、徐玉诺等均有佳作。但是,最得《飞鸟集》奥妙的还是新文学运动中的女诗人冰心。"因看着泰戈尔的《飞鸟集》,而仿用他的形式,来收集我的零碎的思想。"她独辟蹊径,写出了诗集《繁星》。冰心的《繁星》和《春水》里带有哲理意味、晶莹清丽,善于捕捉刹那间感受的小诗,得到很多人喜爱，辗转流传。这种抒情含有哲理意味的小诗，融情于理，读来趣味盎然，对于中国新诗的创立是一种有益的探索。

冰心深刻领会了泰戈尔的人与自然交融的哲理。她说："我们都是自然的婴儿，卧在宇宙的摇篮里。"她用自然的婴儿自比，她的童心超过了泰戈尔。她歌唱星光、花香和大海"波涛的清响"。她从植物的芽儿、花儿、果儿中寻觅人生的哲理。她从母亲的膝上，儿童的歌声里，碧绿的江水和蔚蓝的大海中找寻心灵的慰藉。她从窗外的琴声，水中的影子，路旁的花草里寻找艺术的真谛。她也像泰戈尔那样，以哲人的眼光、诗人的眼光和儿童的眼光来察看世界，在微末的自然事物中悟出新的思想，把熠熠闪光的哲理注入精练的诗行。

冰心跟郭沫若一样，也承继了我们民族文化的优良传统。冰心汲取泰戈尔的艺术养料，保持了自己的艺术个性。短小的诗歌讲究精炼与单纯。冰心在小诗格式上受到泰戈尔的影响，但在选词炼句上，却受到我国古典诗词的滋养。她的《繁星》《春水》中的语言是那么凝练，那么圆润而富于旋律感，又那么自然得似行云流水一般。她小诗的成功，有力地说明了吸收外国文学的养料，能够丰富民族的艺术，繁荣发展我国的革命文学事业。

泰戈尔对我国新诗发展的影响，从郭沫若和冰心两位诗人身上可以窥见一斑。虽然郭沫若和冰心都受到泰戈尔的深刻影响，但这并不意味着我国的新诗来自对外国诗歌的模仿，而是在于具体说明他们在创作初期，在创新的探索中，善于继承本民族的优秀的文学遗产和吸收外国文学的营养，融会贯通，形成自己独特的风格，对我国新诗的发展做出了突出贡献。

（作者：柳鸿。有删节）

趣味语文

唐雎的说话技巧

说话技巧在人际交往，尤其是在重要的外交关系中，起着举足轻重的作用。《唐雎不辱使命》一文中唐雎为什么能不辱使命？这是他以维护"国家"利益为出发点，同秦王进行针锋相对斗争的结果。在这场斗争中，唐雎就十分讲究说话的技巧，主要表现在下列三个方面：

一是"巧"在言辞委婉、言之有"节"上。秦王要求以五百里之地易安陵，纯是诈骗。当遭到安陵君拒绝后，

"秦王不悦",于是当着唐雎的面露出威胁之意,并盛气凌人地责备安陵君"轻寡人"。对此,唐雎先用屈从的口吻说:"否,非若是也。"这一回答,既缓和了秦王以强凌弱的气势,使会谈能够继续下去,又强调了不肯易地的原因。然后从容地说明安陵君不肯易地是因为"受地于先王而守之",并非故意违背秦王的意愿。这一句答得委婉,言之有理,言之有"节"。一个"守"字,含义丰富:既说明愿忠于先王的遗业,维护国家主权和领土的完整,宁"守"不"易",这是一种崇仰先王、不为利诱的明显反映,又表明安陵国并无扩张之意,倒有御敌之心。这不仅婉言拒绝了秦王的易地要求,还暗暗告诫秦王不要轻举妄动。"守"是一种坚持正义。正义,是不畏强暴的具体表现,显示出安陵国土的神圣不可侵犯。"虽千里不敢易也,岂直五百里哉?"这一反语,十分有力,表明安陵国非但不想易地,而且根本不愿意易地。因为安陵君明白秦王的"易"即是"抢"的同义语。可见,"守"是不畏强暴、坚守国土的具体表现。由于唐雎坚持原则,言之有"节",从"道义"方面暗刺了秦王的不义,触犯了他的尊严,难怪他要"怫然怒"了。

二是"巧"在针锋相对、言之有"据"上。秦王见诈骗不行,便用"伏尸百万,流血千里"的所谓"天子之怒"进行威吓。唐雎正气凛然,针锋相对,用"伏尸二人,流血五步"的"士之怒"进行回击。在这场围绕天子与布衣之"怒"的交锋中,唐雎很快就由被动而变为主动。当秦王以"亦尝闻天子之怒乎"的口吻鄙视"布衣之怒"时,唐雎立即驳斥"此庸夫之怒也,非士之怒也",提醒秦王正视"士之怒"。接着用语势强烈的排比句,列举专诸刺王僚、聂政刺韩傀、要离刺庆忌的史实,对"士之怒"加以渲染说明。这三个史实,犹如锃亮锋利的匕首,直刺贪生怕死的秦王心窝,又好似撼天动地的警钟,警告秦王必须吸取历史教训,不要自蹈死地。但是,这些有根有据的"士之怒",毕竟是历史上的事,已经过去了,它对秦王虽有所触动(威胁),但还不足以使利令智昏的秦王幡然悔悟。于是,唐雎又逼近一步"此三子者""与臣而将四矣"。这是暗示他将效法三人,刺杀秦王。这样就把血淋淋的史实,变成对秦王的直接威胁,迫使秦王不得不考虑自己的危急处境。

三是"巧"在以行证言、言之有"力"上。倘若唐雎只用文战,不辅以武攻,秦王势必会存侥幸心理,绝不会轻易折服。以行证言，就能使"言"更富于慑敌的威力。唐雎辅以"挺剑而起"这一义无反顾的行动，来证明"今日"欲刺秦王之"言"的实在性和尖锐性，这就从根本上彻底打破了秦王的一切幻想，迫使秦王不得不"长跪而谢之"。

总之，在这场斗争中，唐雎的说话技巧是十分高明的。他善于抓住对方的弱点，从"道义"和"威力"两个方面，针锋相对，据理力争，从而震慑论敌，不辱使命。当然，如果唐雎手中没有真理，没有尊重客观实际的科学态度，那么，说话技巧再高明，充其量也只能是诡辩而已。

二　缤纷人物

在文学的百花园中，有这样一种文学体裁：她有跌宕起伏、荡气回肠的故事情节，让人魂牵梦萦、牵肠挂肚；她有明丽清新、幽暗阴晦的环境描写，让人流连忘返、黯然神伤；她有复杂多变、丰富多彩的人物形象，令人浮想联翩、扼腕叹息。打开明清人物画廊，英雄云集，丽人徜徉；翻阅世界文学宝库，智者高歌，弱小哀伤。她亲阅盛世繁华，她常吟乱世悲歌，源于生命的尊重，成于笔者的创造。在今天日益覆盖过来的声像艺术中她独守品位，于喧嚣之城的一角，保留着自己的矜持与清高。她就是小说。

喜欢？留恋？心向往之？繁华落尽，静读是福。于斜阳一抹处，于柔灯一盏旁，手执一卷，潜心慢阅，无数的艺术形象便纷至沓来：孔乙己、奥楚蔑洛夫、林冲、诸葛亮、林黛玉、茶花女、冉·阿让、保尔·柯察金……

主题阅读

警察与赞美诗

苏比躺在麦迪逊广场的那条长凳上，辗转反侧。每当雁群在夜空引吭高鸣，每当没有海豹皮大衣的女人跟丈夫亲热起来，每当苏比躺在街心公园长凳上辗转反侧，这时候，你就知道冬天迫在眉睫了。

一张枯叶飘落在苏比的膝头。这是杰克·弗洛斯特[①]的名片。杰克对麦迪逊广场的老住户很客气，每年光临之前，总要先打个招呼。他在十字街头把名片递给"露天公寓"的门公佬"北风"，好让房客们有所准备。

苏比明白，为了抵御寒冬，由他亲自出马组织一个单人财务委员会的时候到了。为此，他在长凳上辗转反侧，不能入寐。

苏比的冬居计划并不过奢。他没打算去地中海游弋，也不想去晒南方令人昏昏欲睡的太阳，更没考虑到维苏威湾去漂流。他衷心企求的仅仅是去岛上度过三个月。整整三个月不愁食宿，伙伴们意气相投，再没有"北风"老儿和警察老爷来纠缠不清。在苏比看来，人生的乐趣也莫过于此了。

多年来，好客的布莱克威尔岛监狱一直是他的冬季寓所。正如福气比他好的纽约人每年冬天要买票去棕榈滩②和里维埃拉③一样，苏比也不免要为一年一度的"冬狩"做些最必要的安排。现在，时候到了。昨天晚上，他躺在古老的广场喷泉和近的长凳上，把三份星期天的厚报纸塞在上衣里，盖在脚踝和膝头上，都没有能挡住寒气。这就使苏比的脑海里迅速而鲜明地浮现出岛子的影子。他瞧不起那些在慈善事业名下对地方上穷人所做的布施。在苏比眼里，法律比救济仁慈得多。他可去的地方多的是，有市政府办的，有救济机关办的，在那些地方他都能混吃混住。当然，生活不能算是奢侈。可是对苏比这样一个灵魂高傲的人来说，施舍的办法是行不通的。从慈善机构手里每得到一点点好处，钱固然不必花，却得付出精神上的屈辱来回报。正如恺撒对待布鲁图④一样，真是凡事有利必有弊，要睡慈善单位的床铺，先得让人押去洗上一个澡；要吃他一块面包，还得先一五一十交代清个人的历史。因此，还是当法律的客人来得强。法律虽然铁面无私、照章办事，至少没那么不知趣，会去干涉一位大爷的私事。

既然已经打定主意去岛上，苏比立刻准备实现自己的计划。省事的办法倒也不少，最舒服的莫过于在某家豪华的餐馆里美美地吃上一顿，然后声明自己不名一钱，这就可以悄悄地、安安静静地交到警察手里。其余的事，自有一位识相的推事来料理。

苏比离开长凳，踱出广场，穿过百老汇路和五马路汇合处那处平坦的柏油路面。他拐到百老汇路，在一家灯火辉煌的餐馆门前停了下来，每天晚上，这里汇集着葡萄、蚕丝与原生质的最佳制品⑤。

苏比对自己西服背心最低一颗纽扣以上的部分很有信心。他刮过脸，他的上装还算过得去，他那条干干净净的活结领带是感恩节那天一位教会里的女士送给他的。只要他能走到餐桌边不引人生疑，那就是胜券在握了。他露出桌面的上半身还不至于让侍者起疑。一只烤野鸭，苏比寻思，那就差不离——再来一瓶夏布利酒⑥然后是一份卡门贝干酪，一小杯浓咖啡，再来一支雪茄烟。一块钱一支的那种也就凑合了。总数既不会大得让饭店柜上发狠报复，这顿牙祭又能让他去冬宫的旅途上无牵无挂，心满意足。

可是苏比刚迈进饭店的门，侍者领班的眼光就落到他的旧裤子和破皮鞋上。粗壮利落的手把他推了个转身，悄悄而迅速地把他打发到人行道上，那只险遭暗算的野鸭的不体面命运也从而得以扭转。

苏比离开了百老汇路。看来靠打牙祭去那个日思夜想的岛是不成的了。要进监狱,还是想想别的办法。

在六马路拐角上有一家铺子,灯光通明,陈设别致,大玻璃橱窗很惹眼。苏比捡起块鹅卵石往大玻璃上砸去。人们从拐角上跑来,领头的是个巡警。苏比站定不动,两手插在口袋里,对着铜纽扣⑦直笑。

"肇事的家伙在哪儿?"警察气急败坏地问。

"你难道看不出我也许跟这事有点牵连吗?"苏比说,口气虽然带点嘲讽,却很友善,仿佛好运在等着他。

在警察的脑子里苏比连个旁证都算不上。砸橱窗的人没有谁会留下来和法律的差役打交道,他们总是一溜烟似的跑。警察看见半条街外有个人跑着去赶搭车子。他抽出警棍,去追那个倒霉的人。苏比心里窝火极了,他拖着步子走了开去。两次了,都砸了锅。

街对面有家不怎么起眼的饭馆,它投合胃口大钱包小的吃客。它那儿的盘盏和气氛都粗里粗气,它那儿的菜汤和餐巾都稀得透光。苏比挪动他那双暴露身份的皮鞋和泄露真相的裤子跨进饭馆时倒没遭到白眼。他在桌子旁坐下来,消受了一块牛排、一份煎饼、一份油炸糖圈,以及一份馅儿饼。吃完后他向侍者坦白:他无缘结识钱大爷,钱大爷也与他素昧平生。

"手脚麻利些,去请个警察来,"苏比说,"别让大爷久等。"

"用不着惊动警察老爷,"侍者说,嗓音油腻得像奶油蛋糕,眼睛红得像鸡尾酒里浸泡的樱桃,"喂,阿康!"

两个侍者干净利落地把苏比往外一叉,正好让他左耳贴地摔在铁硬的人行道上。他一节一节地撑了起来,像木匠在打开一把折尺,然后又掸去衣服上的尘土。被捕仿佛只是一个绯色的梦。那个岛远在天边。两个门面之外一家药铺前就站着个警察,他光是笑了笑,顺着街走开去了。

苏比一直过了五个街口,才再次鼓起勇气去追求被捕。这一回机会好极了,他还满以为十拿九稳,万无一失呢。一个衣着简朴颇为讨人喜欢的年轻女子站在橱窗前,兴趣十足地盯着陈列的剃须缸与墨水台。而离店两码远,就有一位彪形大汉——警察,表情严峻地靠在救火龙头上。

苏比的计划是扮演一个下流的、讨厌的小流氓。他的对象文雅娴静,又有一位忠于职守的巡警近在咫尺,使他很有理由相信,警察那双可爱的手很快就会落到他身上，使他在岛上冬蛰的小安乐窝里吃喝不愁。

苏比把教会女士送的活结领带拉挺，把缩进袖口的衬衫袖子拉出来，把帽子往后一推，歪得马上要掉下来，向那女子挨将过去。他厚着面皮把小流氓该干的那一套恶心勾当一段段表演下去。苏比把眼光斜扫过去，只见那警察在盯住他。年轻女人挪动了几步，又专心致志地看起剃须缸来。苏比跟了过去，大胆地挨到她的身边，把帽子举了一举，说：

"啊哈，我说，贝蒂丽亚！你不是说要到我院子里去玩儿吗？"

警察还在盯着。那受人轻薄的女子只消将手指一招，苏比就等于进安乐岛了。他想象中已经感到了巡捕房的舒适和温暖。年轻的女士转过脸来，伸出一只手，抓住苏比的袖子。

"可不是吗，迈克，"她兴致勃勃地说，"不过你先得破费给我买杯猫尿。要不是那巡警老盯着，我早就要跟你搭腔了。"

那娘们像常春藤一样紧紧攀住苏比这棵橡树，苏比好不懊丧地在警察身边走了过去。看来他的自由是命中注定的了。

一拐弯，他甩掉女伴撒腿就走。他一口气来到一个地方，一到晚上，最轻佻的灯光，最轻松的心灵，最轻率的盟誓，最轻快的歌剧，都在这里荟萃。身穿轻裘大氅的淑女绅士在寒冷的空气里兴高采烈地走动。苏比突然感到一阵恐惧，会不会有什么可怕的魔法镇住了他，使他永远也不会被捕呢？这个念头使他有点发慌，但是当他遇见一个警察大模大样在灯火通明的剧院门前巡逻时，他马上就捞起"扰乱治安"这根稻草来。

苏比在人行道上扯直他那破锣似的嗓子，像醉鬼那样乱嚷嚷。他又是跳，又是吼，又是骂，用尽了办法大吵大闹。

警察让警棍打着旋，身子转过去背对苏比，向一个市民解释道：

"这是个耶鲁的小伙子在庆祝胜利，他们跟哈德福学院赛球，请人家吃了鸭蛋。够吵的，可是不碍事。我们有指示，让他们只管闹去。"

苏比怏怏地停止了白费气力的吵闹。难道就没有一个警察来抓他了吗？在他的幻想中。那岛已成为可望而不可即的阿卡狄亚⑧了。他扣好单薄的上衣以抵挡刺骨的寒风。

他看见雪茄烟店里一个衣冠楚楚的人对着摇曳的火头在点烟。那人进店时，将一把绸伞靠在门边。苏比跨进店门，拿起绸伞，慢吞吞地退了出去。对火的人赶紧追出来。

"我的伞。"他厉声说道。

"噢,是吗?"苏比冷笑说,在小偷小摸的罪名上又加上侮辱这一条,"好,那你干嘛不叫警察?不错,是我拿的。你的伞!你怎么不叫巡警?那边拐角上就有一个。"

伞主人放慢了脚步,苏比也放慢脚步。他有一种预感:他又一次背运了。那警察好奇地瞅着这两个人。

"当然。"伞主人说,"嗯……是啊,你知道有时候会发生误会……我……要是这伞是你的,我希望你别见怪……我是今天早上在一家饭店里捡的……要是你认出来这是你的,那么……我希望你别……"

"当然是我的。"苏比恶狠狠地说。

伞的前任主人退了下去。好警察急匆匆地跑去搀一位穿晚礼服的金发高个儿女士过马路,免得她被在两条街以外往这边驶来的电车撞着。

苏比往东走,穿过一条因为翻修而高低不平的马路。他忿忿地把伞扔进一个坑。他嘟嘟哝哝咒骂起那些头戴钢盔、手拿警棍的家伙来,因为他想落入法网,而他们偏偏认为他是个永远不会犯错误的国王[9]。

最后,苏比来到通往东区的一条马路上,这儿灯光暗了下来,嘈杂声传来也是隐隐约约的。他顺着街往麦迪逊广场走去,因为即使他的家仅仅是公园里的一条长凳,他仍然有夜深知归的本能。

可是,在一个异常幽静的地段,苏比停住了脚步。这里有一座古老的教堂,建筑古雅,不很规整,是有山墙的那种房子。柔和的灯光透过淡紫色花玻璃窗子映射出来,风琴师为了练熟星期天的赞美诗,在键盘上按过来按过去。动人的乐音飘进苏比的耳朵,吸引了他,把他胶着在螺旋形的铁栏杆上。

明月悬在中天,光辉、静穆;车辆与行人都很稀少;檐下的冻雀睡梦中啁啾了几声——这境界一时之间使人想起乡村教堂边上的墓地。风琴师奏出的赞美诗使铁栏杆前的苏比入定了,因为当他在生活中有母爱、玫瑰、雄心、朋友以及洁白无瑕的思想与衣领时,赞美诗对他来说是很熟悉的。

苏比这时敏感的心情和老教堂的潜移默化会合在一起,使他灵魂里突然起了奇妙的变化。他猛然对他所落入的泥坑感到憎厌。那堕落的时光,低俗的欲望,心灰意懒,才能衰退,动机不良——这一切现在都构成了他的生活内容。

刹那间,新的意境醍醐灌顶似地激荡着他。一股强烈迅速的冲动激励着他去向坎坷的命运奋斗。他要把自己拉出泥坑,他要重新做一个好样儿的人。他要征服那已经控制了他的罪恶。时间还不晚，他还算年轻，他要重新振作当年的雄心壮志，坚定不移地把它实现。管风琴庄严而甜美的音调使他内心起了一场革命。明天他要到熙熙攘攘的商业区去找事做。有个皮货进口商曾经让他去赶车，他明天就去找那商人，把这差使接下来。他要做个烜赫一时的人。他要——

苏比觉得有一只手按在他胳膊上。他霍地扭过头，只见是警察的一张胖脸。

"你在这儿干什么？"那警察问。

"没干什么。"苏比回答。

"那你跟我来。"警察说。

第二天早上，警察局法庭上的法官宣判道："布莱克威尔岛，三个月。"

（作者：[美]欧·亨利）

【注释】

①杰克·弗洛斯特：即"霜冻"的拟人化称呼。②棕榈滩：美国佛罗里达州东南部城镇，冬令游憩胜地。③里维埃拉：南欧沿地中海一段地区，在法国的东南部和意大利的西北部，是假节日憩游胜地。④布鲁图：（前85—前42）罗马贵族派政治家，刺杀恺撒的主谋，后逃希腊，集结军队对抗安东尼和屋大维联军，因战败自杀。⑤最佳制品：作者诙谐的说法，指美酒、华丽衣物和上流人物。⑥夏布利酒：原产于法国夏布利的一种无甜味的白葡萄酒。⑦铜纽扣：指警察，因警察上衣的纽扣是黄铜制的。⑧阿卡狄亚：原为古希腊一山区，现在伯罗奔尼撒半岛中部，以其居民过着田园牧歌式的淳朴生活而著称，现指"世外桃源"。⑨英语谚语：国王不可能犯错误。

一个罪恶累累的人竟一次次地被认定为无罪，而一个决定改恶从善的人却遭逮捕入狱，荒谬的背后，你想到了什么？苏比可怜、可气、可悲、可叹的命运，是对美国黑暗的司法制度的绝妙讽刺。幽默，但包含着阴沉的东西；绝望，却令人发笑。欧·亨利的"黑色幽默"让人在捧腹之余深刻地感受到资本主义社会的残酷，"欧·亨利式结尾"也在本文精彩凸显。

捡到一条旧鞋带

林清玄

从前，在一个小村落里，住着一群安居乐业的人，生活在平淡安逸中度过。

村落里有一个老人，有一天，清晨六点，在路上散步，偶然看到地上有一条旧鞋带。老人弯下腰，仔细地端详那条鞋带，心想："这鞋带虽旧，依然完好，捡回家去，说不定哪一天用得着呀！"

老人细心轻巧地捡起鞋带，放进自己的裤袋里。老人的动作，被远远路过的一位老朋友看见了，他看见老人弯腰端详的样子和把东西塞进裤袋的动作，就判定了：老人一定是捡到钱了，而且为数不少，才会那样小心翼翼。

他走到老人面前，不怀好意地问："老王，你是不是捡到钱了，要请客啊！"

"没有哇！我捡到了一条旧鞋带！"老王立刻把刚刚捡到的旧鞋带掏出来给朋友看："呐！就是这一条。"

"你不必骗我了，我又不是真要你请客，你只要老实告诉我捡到钱就好了。"

"我没有骗你，我真的捡到一条鞋带。老李，如果我真的捡到钱，一定会请你吃饭，你一向知道我不是小气的人。"

"你以前是不是小气，我不管！但现在捡到钱不肯告诉我，就是小气！"

两人于是站到街上吵了起来，老王说得愈是认真，老李愈是不肯相信。最后两人愈吵愈凶，弄得不欢而散。

第二天，老王捡到钱的事就在街上传开了。

"老王在路上捡到一大笔钱，却坚称是捡到一条鞋带。"

"笑死人了！这年头，谁会在路上捡一条旧鞋带呢？"

"听说老王捡到钱的那一天，蹲下来左顾右盼，小心翼翼地捡起来，一定是一笔大钱啊！"

"对呀！从捡到钱的那一天开始，老王就变了一个人，疑神疑鬼、神经兮兮的。"

"更糟的是，老王以前还蛮慷慨大方，从捡钱那一天开始，变得很小气。"

"所以，我常说钱会毁掉一个人，要是捡到钱的人是我，也可能就此毁了！"

在街上，只要看到老王，本来热烈交谈的人，立刻变得沉默，看着老王；本来沉默的人，看他走过，就交头接耳地谈论。

老王是一个性格刚毅耿直的人，不能忍受被冤枉、被误解、被扭曲。因此，每次遇到任何一个人，不管认识不认识，就掏出旧鞋带给人看："我捡到的就是这条鞋带!"但是,没有人相信他。

到后来,老王掏出鞋带时近乎哀求:"请你们相信我,我捡到的真的只是一条旧鞋带!"

愈是急切地哀求,愈是无人相信他。

老王真的无法再忍受了,三个月后的某一天,清晨六点,在他捡到鞋带旁边的一棵树上,他用那条旧鞋带上吊自杀,树上钉着一张遗书:"那一天清晨六点,在这个地方,我真的只捡到这一条旧鞋带。"

消息传开了,大家都感到惋惜:

"唉呀!若真的捡到的只是旧鞋带,又何必自杀呢!真是太傻了!"

"不过,用鞋带自杀,倒是第一次听到。"

"但是,事情也不能看表相,我看老王是真的捡到钱,被谋财害命,生前被逼写下遗书。"

"如果是被谋财害命,那么老李最可疑,只有他亲眼看到老王捡到钱。"

"必然,那一定是一笔大数目呀!"

(作者:林清玄;选自《东西南北》2009年第3期)

赏析

世上没有绝望的处境,只有对处境绝望的人。本文与其说是一篇小说,不如说是一个哲理故事。作者向人们表达了一种思想:呼唤人性回归,人言可畏。一句闲言碎语,就可能置人于死地。那么,几句,十几句,上百句闲言,又会葬送多少人的性命啊!从始到终,人们都认定老王捡的是钱,而非鞋带。万般无奈之下,老王走上了绝路。其实,老王不走这条路,也会被人们逼疯,这与死又有何异呢?老王用捡的旧鞋带上吊自杀这一细节加深了小说的悲剧色彩。旧鞋带具有象征意味,它象征贪婪、冷酷、自私、残忍、麻木等人性中的丑恶东西,它像一条精神枷锁,把人们牢牢地锁住,不尽早打开这把精神枷锁,人间还会再次上演一幕幕悲剧。

含英咀华

喜剧的氛围,悲剧的内容
——重读《孔乙己》

《孔乙己》是鲁迅先生在五四运动的前夜继《狂人日记》之后发表的第二篇白话小说,也是他自己最满意的一篇小说,鲁迅先生后来亲自将它译成日文。《孔乙己》一文虽不足三千字,但结构的完整、情节安排的巧妙、思想的深刻、语言的精练,历来为人们称道。

今天，重读这篇小说，我再一次被它的艺术魅力吸引，被它在喜剧的氛围中展示悲剧的内容，以"笑"写"泪"的写作方法折服。

古人说，以乐写哀，哀更显哀。同样，以喜写悲，也更添悲色。《孔乙己》一文所表现的悲剧性内容，就正是在喜剧的氛围中展开并得到强化的，"笑"纵贯了《孔乙己》一文的始末。作者把它与孔乙己悲惨的一生紧紧胶合在一起，让孔乙己在人们的笑声中登场，在人们的哄笑声中表演，最后又在人们的笑声中走向死亡。

文章首先介绍了孔乙己所处的时代和社会背景，为孔乙己的出场做一个引线。咸亨酒店的小伙计"我"因工作的单调、无聊（"专管温酒"）和生活的苦闷（"掌柜是一副凶脸孔，主顾也没有好声气，教人活泼不得"）而特别记起给自己带来笑声的孔乙己，"只有孔乙己到店，才可以笑几声，所以至今记得"。孔乙己还未出场，我们就从中知道，孔乙己之所以被人记得，之所以有存在的价值，就因为他是人们单调、无聊和苦闷生活的一个笑料，能够给人们一点"笑"的满足。所以"笑"的本身含有孔乙己的深刻的寂寞和悲哀，反映了他在鲁镇微不足道的地位和人们对他的侮蔑，也暗示了他悲剧性的一生：科场失意、穷困潦倒、受尽欺辱、悲惨死去。

一、笑声中"粉墨"登场

孔乙己一上场，就让人忍俊不禁："孔乙己是站着喝酒而穿长衫的唯一的人"。从前三节的介绍中我们知道，下层劳动人民的"短衣帮"们喝酒只能靠柜外"站着"，穿长衫的上层地主阶级喝酒则是"踱进隔壁的房子里""坐喝"。而孔乙己却是"站着喝酒而穿长衫"，且是"唯一"的人，这说明他既不属于"短衣帮"也不属于"长衫客"，与他们都有一定的距离。孔乙己刚一亮相就以他的穿着和喝酒方式显示了他的特殊身份和与众不同。其实，从他"站着喝酒"这一点来看，他生活贫困，经济地位和社会地位都与"短衣帮"没两样。但他偏又不肯脱下标志着知识分子身份的"长衫"，说明他死要面子，硬摆"读书人"架子，思想上羡慕上层阶级，轻视劳动人民，不愿与"短衣帮"为伍，这无疑会使他与周围的人孤立起来，因而成为他们取笑的对象。他穷困、懒惰，穿的长衫"又脏又破，似乎十年多没有补，也没有洗"；常遭欺辱，"皱纹间时常夹些伤痕"，但偏又自视清高，好卖弄学问，"对人说话，总是满口之乎者也，教人半懂不懂的"，因而被人取了个

"孔乙己"的绰号。总之，孔乙己一登台亮相，作者就通过对他的身份、肖像、穿着、语言及绰号的描写、介绍，展示了他的现实处境与思想意识的矛盾、可笑。

二、笑声中强自表演

活在读书求仕的理想世界的孔乙己，一进入现实社会，就变得尴尬不安，就与周围环境对立起来。所以，孔乙己一到店，所有喝酒的人便都看着他笑："孔乙己，你脸上又添上新伤疤了！"一个"又"字，一个"新"字，说明孔乙己因偷窃而挨打受伤已不是新鲜事，也不止一次。这样的取笑于孔乙己也是家常便饭了，所以他不想搭理他们，但"短衣帮"们却不想放过这开心的机会："你一定又偷了人家的东西了！"对读书人的"清白"看得很重的孔乙己此时不得不争辩："你怎么诬人清白""窃书不能算偷⋯⋯窃书！⋯⋯读书人的事，能算偷么？"在那个崇尚"学而优则仕""万般皆下品，唯有读书高"的封建社会里，读书是最高尚的事，任何事情，只要和读书有关，就是值得尊敬的，甚至像偷窃这样的丑事，一旦和读书发生关系，也就不成为丑事了，甚至还有些光荣。这一点在孔乙己看来是这样的，当然也是他为自己开脱罪责的一个托词，因为"偷"与"窃"是一个意思，只是一口语一文言而已。至于他后面说的"君子固穷"之类的话，纯粹是一种自欺欺人的精神胜利法，是用"四书五经"中的所谓"圣言"来为自己辩解，以示读书人所为都是按圣贤所教而做的，非一般人所能理解。说这话时，孔乙己脑海中未必就没闪现过自己和许许多多颠簸求仕而不得遇的干禄者形象，但科举求仕掌握了他的精神世界，是他和很多知识分子至死不渝的理想，虽然他不曾实现这个理想。他这种自欺欺人、执迷不悟的辩白，只能更引起众人的哄笑，一时"店内外充满了快活的空气"。

凌弱怕强是人类天性中的一大通病，看着比自己更弱的人受害受辱是一些人的乐趣。同样，对比自己更穷困却以读书人自居的孔乙己进行取笑也会更让"短衣帮"们快活不已。"孔乙己，你当真识字么？"面对这样的发问，孔乙己"显出不屑置辩的神气"。这是一种明显的骄傲情绪，读书是他唯一引以为自豪的事。可是，他们又问："你怎的连半个秀才也捞不到呢？""落第"是孔乙己最痛的伤疤，被视为奇耻大辱，平时对它是讳莫如深，唯恐别人来触及。"短衣帮"酒客们清楚他的痛楚所在，偏偏喜欢来揭它，以此窘他。在这种打击下，"孔乙己立刻显出颓唐不安的模样,脸上笼上了一层灰色,嘴里说些话;这回可是全是之乎者也之类,一些不懂了"。为什么会这样呢?一则上面的话触到他内心最痛苦,也是最难解释、最难掩饰的地方,他为此感到羞愧,面上无光,有口难言,所以只能用一些别人听不懂的"之乎者也"来搪塞;二则,孔乙己越是被紧逼穷追,就越会失去口语而代之以他熟悉的文言。他只有在用文言构建的观念世界里才是自由的,而他的观念世界恰恰完全堵死了参与现实中与人们共存的日常世界的通路。对于"短衣帮"们来说,孔乙己只有科举合格了才是具有权威性的存在,他头脑里储存的知识本身什么权威也没有,学问、知识只有通过当官从政才能实现其价值。孔乙己没有官职和经济地位,只是作为一个一文不名的读书人而置身于人们面前时,他头脑中确实储存的知识的权威性也就受到了质疑。孔乙己头脑中储存的知识不具备任何权威,这一无情的现实铸成了不得不站着喝酒的孔乙己的"寂寞"。可是,这与其说是孔乙己个人的责任,毋宁说有着更为深刻的文化背景。因为孔乙己的"寂寞"是与"圣人"孔子的"寂寞"相重叠的。鲁迅说过:"孔夫子到死了以后……每一县固然都有圣庙即文庙,可是一副寂寞的冷落的样子,一般的庶民,是决不去参拜的,要去,则是佛寺,或者是神庙。"孔乙己内心深深的寂寞和苦痛,"短衣帮"们是无法理解的,也是不愿了解的,更不用说同情了,所以他们反而都"哄笑起来""店内外充满了快活的空气"。这里再一次写到孔乙己给人们带来的快乐,而这种快乐却是建立在孔乙己的痛苦之上的,喜剧的氛围中上演着孔乙己科场失意的悲剧。

孔乙己知道自己不能与大人们谈天,便只好向孩子说话,寻找知音,借以补救自己精神上的寂寞、无聊,这表现在教小伙计"我"有关"茴"字的四种写法和分茴香豆给孩子们吃这两个情节。教"茴"字的四种写法,又暴露出孔乙己一旦参与现实就势必表现出的"迂腐",而支撑他的"迂腐"的是强固的文字信仰。其实,文字由繁到简,是一条规律,"茴"字的各种异体写法是僵死而无用的知识,而孔乙己却视之为"宝贝",加以炫耀。这种迂腐落后的思想行为势必不受人

孔乙己雕像

喜欢，难怪小伙计毫不热心，要"努着嘴走远"。连小孩子也对他"多乎哉，不多也"的陈腐语言报以嬉笑，在笑声中走开了。

这样一个迂腐、落魄的穷知识分子在大人和小孩心目中是没有任何地位的，也是毫不受人尊敬的，"孔乙己是这样的使人快活，可是没有他，别人也便这么过"。这句话就一方面深刻说明孔乙己可有可无、可笑可怜、无足轻重的地位，再次显示了他的寂寞与悲哀；另一方面也反映了人们的"凉薄"（即冷漠、薄情）、麻木，对别人毫不关心、毫不同情。

三、笑声中惨然谢幕

乐极悲极，人们开心到顶点的时候也是孔乙己悲苦到顶点的时候。当孔乙己再次出现在咸亨酒店的时候，他的外形已大为改变：脸色黑瘦，穿一件"破夹袄"，两腿盘坐在一个用绳子挂在肩上的蒲包上"走"来。外形的改变，正是孔乙己悲惨遭遇的写照，说明他不仅精神被毒害、摧残了，连肉体也被摧残得不成样子。对身心俱毁、濒临绝境的孔乙己，属于剥削阶级的掌柜自然是不会表示同情的，玩弄、欺凌受苦人是他的阶级本性所决定的。可是"短衣帮"酒客们也随声附和"笑了"，这就更深刻地表现出社会的悲凉，人们的"凉薄"。既然人们对弱者的痛苦不会表示同情，对强者的残暴也不会表示出愤慨了。

这里，人们对孔乙己的"凉薄"还是显示出鲜明的特殊性：孔乙己和丁举人都是穿长衫的科举知识分子，人们对丁举人的炎威越是臣服，对失败者孔乙己的"凉薄"也越凸显。对人们的取笑，此时的孔乙己已无法分辩，"跌断……"，是他不能不维持的最低的面子，他内心里还存在着求生的意志，所以他恳求掌柜不要再说了。可人们还是"说笑"着，看着他喝完了酒，坐着用手"慢慢走去"。身残体废又无谋生手段的孔乙己以后该如何生活呢？他的结局必然只有一个：死亡。

孔乙己在笑声中登场，最后又在笑声中走向死亡，"笑声"贯穿着全篇。这阵阵笑声跟孔乙己的不幸遭遇形成了强烈的对比，它深刻地揭露了封建社会的黑暗和冷酷，同时也批判了群众的麻木。这种以喜写悲的写法，使小说的主旨表现得更突出、更深刻。

（作者：邓玉霞；选自《语文教学与研究》1998 年第 9 期）

浓郁的乡土气息，鲜明的民族特色
——《蒲柳人家》（节选）语言赏析

《蒲柳人家》是刘绍棠"在自己最

熟悉的土地上"打出的一口"深井"。小说透过一幅幅具有浓郁乡土气息的风俗画，热情歌颂了京东北运河沿岸劳动人民的美好品格和高尚情操。它既是动态的风景画、风俗画，又是一曲乡村社会人情美、人性美的颂歌。选自教材的部分充满乡土气息，具有鲜明民族特色的语言，如荷花的淡淡清香，沁人心脾。

一、善用比喻和夸张

如写天气之热，"热得像天上下火""头顶着火盆子"；写何满子的头发，"天灵盖上留着个木梳背儿"；写一丈青大娘骂人，"就像雨打芭蕉，长短句，四六体，鼓点似的骂一天，一气呵成，也不倒嗓子"；写老秀才的眼睛，"尖得像锥子"；写何大学问的胡子，"就像根根松针"；写何满子包铜镀金的长命锁，"差一点把何满子勒断了气"……巧妙的比喻和夸张，生动形象地突出了事物的特点，给人留下了极为深刻的印象。

另外，小说在对一丈青大娘和何大学问的描写中，对其性格进行了极具喜剧色彩的夸张，通过人物的语言、行动，生动地刻画出他们的喜怒哀乐，展现了一丈青大娘爱憎分明、疾恶如仇、刚正不阿、爱打抱不平、好爽的性格特点，突出了何大学问侠肝义胆、仗义轻财、慷慨豁达、好说大话、讲排场的性格特征。

二、动词运用生动传神

如写一丈青大娘"大闹运河滩"，"一丈青大娘勃然大怒，老大一个耳刮子抡圆了扇过去，那个年轻的纤夫就像风吹乍蓬，转了三转，拧了三圈儿，满脸开花，口鼻出血，一头栽倒在滚烫的白沙滩上，紧一口慢一口捯气，高一声低一声呻吟"。这段话中的动词用得非常生动传神，"抡圆了""扇过去"充分写出了一丈青大娘的怒气和力气，纤夫"转了三转""拧了三圈儿""栽倒""捯气""呻吟"，则写出了一丈青大娘这一巴掌的威力，读来令人如闻其声，如见其人。

"等到天黑回家去，奶奶抄起顶门杠子，要敲碎何满子的光葫芦头；何满子一动不动，眼皮眨也不眨，奶奶只得把顶门杠子一扔，叫了声：'小祖宗儿！'回到屋里给孙子做好吃的去了。""抄起""敲碎"突出了奶奶找到何满子后一时按捺不住的怒气，但这"一扔"扔掉了所有的担心和哀怨，这一"叫"叫出了积久等待的焦灼和盼望。这一细节充分流露出了奶奶对孙子的疼爱，为我们活画出了一位传统文学中慈祥的老祖母的形象。

文中这样传神的动词比比皆是，读后让人如品甘醇的美酒，回味无穷。

三、民间口语与俗语的有机结合

作者采用活灵活现的民间口语与俗语的表达方式，并加以提炼，形成了一种活泼伶俐、凝练而富有动感，充满乡土气息的语言。

如"何满子是一丈青大娘的心尖子、肺叶子、眼珠子、命根子"，突出了何满子在奶奶一丈青大娘心目中的地位，刻画出了一位爱孙如命的奶奶的形象。"何满子在奶奶身边长大，要天上的星星，奶奶也赶快搬梯子去摘"则写出了一丈青大娘对孙子的溺爱。

另外还有："人配衣裳马配鞍""别看五六十岁了，三五个小伙子不是够她打一锅的""还没有歇脚打尖，个顶个窝着一肚子饿火""好狗不挡道""千里搭长棚，没有不散的筵席，到了儿点了头""斗大的字不认得三筐""小嘴噘得能挂个油瓶儿"……

这样的语言在文章中俯拾皆是，作者信手拈来，不着一点痕迹，读起来让人如沐春风、轻松愉悦。即使是打斗场景，也不会让人感到紧张，充满了戏剧色彩。这充分体现了刘绍棠根植于乡土文学这片沃土，传承民族语言的大家风范。

四、继承了中国传统说唱艺术的特点

作者继承了中国传统说唱艺术的特点，讲究押韵和对偶，用词造句文白相兼，读起来抑扬顿挫，节奏感强。

如"何大学问人高马大，膀阔腰圆，面如重枣，浓眉朗目，一副关公相貌"，令人不禁想起评书《三国演义》中的关公来。如写何大学问讲故事，"编起故事来，有枝有叶，有文有武，生动曲折，惊险红火"。这样的语言，不但读起来朗朗上口，而且增加了小说的文采和趣味性。

再如："何满子的爷爷，名讳已不可考。但是，如果提起他的外号，北运河两岸，古北口内外，在卖力气走江湖的人们中间，那可真是叫得山响。"这段话中，"名讳"等是书面语，"叫得山响"等是民间口语，二者有机结合给小说增添了幽默诙谐的色彩。

另外，小说在介绍人物时还运用外号来精炼地概括了人物的特点。如"一丈青"（这本来就是描写《水浒传》中扈家庄武艺高强的扈三娘的绰号）、"何大学问"，这不禁使人想起《水浒传》《说岳全传》《三侠五义》等英雄传奇，这也正是我国古典小说和说唱艺术中常见的表现手法。

可以说，刘绍棠的小说深深植根于乡土文学这片沃土，继承和发扬了中国古典文学传统，并赋予这一民族传统新的生命力，内在地暗合了民族的审美习

惯,形成了独具的语言风格。

(作者:乔小平;选自《阅读与鉴赏(教研版)》2007年第3期)

谈契诃夫的《变色龙》

19世纪俄国著名作家契诃夫的创作,特别是他的短篇小说,是世界文学的瑰宝。列宁和斯大林都非常喜爱他的作品,在他们的经典著作中,都借用过契诃夫作品的人物形象。同样,契诃夫的作品,也深受我国读者的欢迎。鲁迅先生曾称赞契诃夫的作品时说:"我以为没有一篇是可以一笑就了的。"

契诃夫

《变色龙》是契诃夫讽刺作品的代表作之一。写就时契诃夫刚24岁,它表现了契诃夫非凡的写作才能。

19世纪80年代的俄国社会,正是沙皇亚历山大三世统治的反动时期。小资产阶级政治派别采取个人恐怖手段,刺杀了亚历山大二世,不但没有解决任何社会问题,反而促使新上台的沙皇亚历山大三世采取更加反动的高压政策,如加强了宪兵警察等专政机构,加强书报检查制度、查封进步刊物,对各大学实施警察监督制。整个俄罗斯笼罩在军警宪兵的白色恐怖之中。尽管如此,俄罗斯的民主主义作家,仍坚持批判现实主义的文学传统,对反动统治进行无情地揭露。契诃夫的《变色龙》《普里希别叶夫中士》《装在套子里的人》等短篇小说,充分揭露了当时警察宪兵制度的弊端。在契诃夫这些著名的作品中,创造了奥楚蔑洛夫、普里希别叶夫、别里科夫等官僚国家代表人物的艺术形象,反映了沙俄社会最典型的现象,具有时代的特征。

契诃夫善于从日常平凡的生活中选取题材。习以为常的事件一旦进入他的作品,不仅具有原本的真实性,而且还能反映出社会环境的实质,构成具有时代特征的生活图画,成为独具特色的俄罗斯社会风貌的讽刺史诗。《变色龙》正是这样,它只选取了社会生活的一个片断——街头巷尾极为平常的狗咬人的小事,却揭露了一个尖锐的深刻的社会问题,即官僚警察是维护统治阶级利益的工具,专制制度肆无忌惮地欺压人民。通过小事情反映大问题,以小见大，正是契诃夫短篇小说的独特之处。

《变色龙》的艺术构思是巧妙的，平淡无奇的故事能引起哄堂大笑。引人入胜，这是契诃夫根据人物的独特性格提炼情节的结果，整篇小说的情节是建立在警察制度同广大人民矛盾的基础上的。通过警官对首饰匠被狗咬伤的事件的处理，揭发了同人民对立的警察制度，鞭笞了望风使舵、反复无常、谄上欺下的"奥楚蔑洛夫精神"。在短暂的时间内，奥楚蔑洛夫五次变色：最初，他摆出一副公正的面孔，企图收揽人心，决定惩办狗的主人，要教训不遵守法令的老爷。可是契诃夫出其不意，突转笔锋。人群中有人说："这好像是席加洛夫将军家的狗。"于是奥楚蔑洛夫马上改变了态度，替狗辩护起来："它怎么会咬着你？难道它够得着你的手指头吗？它是那么小。"这好像很突然，但实际上完全符合人物性格发展的逻辑。后来巡警猜断"这不是将军家里的狗"，这时他第二次改变了态度："你呢，赫留金，受了害，那我们绝不能不管。"但是巡警对自己的见解怀疑起来："不过也说不定就是将军家的狗。"于是警官第三次改变了态度，他声色俱厉地骂赫留金是"混蛋""怪你自己不好"！巡警对狗的主人的两次推断，使得警官两度变色。

将军的厨师也对狗的主人进行了两次断定，但这不是两种相反的论断，而是比先前更为准确的论断。这种精心巧妙地安排，生发了动人的艺术魅力。厨师说："我们那儿从来没有这样的狗。"于是警官心里有了底，显出威风来："这是条野狗！……弄死它算了。"他第四次改变了态度："狗的死刑已宣布，即待执行了。"可是厨师接着说："这不是我们的狗，这是将军的哥哥的狗。"警官第五次改变了态度："脸上立即堆起了温情的笑容，竟然对狗也阿谀起来。"跌宕的情节不仅使故事波澜起伏，吸引读者，而且更加深化了人物的性格，统治阶级看家狗的丑恶面目，跃然纸上。

作者不厌其烦地描写奥楚蔑洛夫的五次变化的过程，绝不是无意义的重复，而是对人物性格层层展现的方法。这与《小公务员之死》中，借小公务员一次又一次道歉来揭示他的懦怯相类似，起到推动情节发展，加强戏剧效果的作用。契诃夫在《变色龙》中，通过人物的不断"变色"，自我表演，自我暴露，把其放在前后矛盾丑态百出中，进行了淋漓尽致地讽刺和严峻无情地鞭笞。契诃夫不动任何声色，不加任何议论，但好恶感情透过纸背，这正是契诃夫创作的特点。

《变色龙》通过人物的自我表演，随机应变，塑造了一个溜须拍马、谄上欺下、见风使舵、趋炎附势的奥楚蔑洛夫的形象。小说的篇名《变色龙》同文章的主题思想有着内在联系，具有深刻的讽刺和象征意义。

变色龙是蜥蜴的一种，能随时改变皮肤的颜色，以适应环境的需要。俄文"变色龙"也可译为易变心的人，作者借此强调主人公善变的性格特征。主人公的名字"奥楚蔑洛夫"是音译，意译就是呆傻、疯癫的意思，作者借此来讽刺、嘲笑和否定奥楚蔑洛夫这类人在社会生活中的价值和意义。这个警官的唯一技能就是善变，但是万变不离其宗，那就是甘心情愿当统治阶级的看家狗，使人不仅感到可笑，而且还感到可恨。尽管他自作聪明，但实际上却是个毫无价值的混蛋。他的存在只能造成是非的颠倒和对公理的损害。

小说环境的描写，是揭示人物性格的重要手段。但是短篇作家契诃夫不像巴尔扎克和托尔斯泰那样细致描写环境和场面，他只截取一个典型的社会环境横断面，既能反映出时代的特征，又有助于揭示人物的性格。小说的开头是警官奥楚蔑洛夫走过的市场："四下里一片沉静。广场上一个人也没有。"商店和饭馆的敞开的门口，"连一个乞丐也没有"。只用寥寥几笔就真实地再现出沙皇统治的社会的一片萧条败落的景象，反映出19世纪80年代俄国社会阴森恐怖的黑暗面貌。主人公奥楚蔑洛夫就活动在这样的典型环境中，他一出场是仪表威严，威风凛凛，"穿着新的军大衣"，身后还跟着一个巡警。但是他"提着小包"和巡警端着"没收来的醋栗"是对他威严的仪表的有力讽刺，严肃的外貌无法掩盖他对人民财产的搜刮。作者通过人物的外表和行动的矛盾，揭示其灵魂的丑恶和肮脏。契诃夫强调人物与环境的血肉联系，19世纪80年代是俄国社会是历史上最反动的时期，这种社会环境是产生迎合现实、阿谀奉迎的奥楚蔑洛夫性格的土壤，而奥楚蔑洛夫精神又维护了腐败黑暗的社会制度。因此鞭笞奥楚蔑洛夫性格，具有深刻的社会意义。

为了集中笔力，小说选择了最精彩的场面，故事从发生到结束的地点仅限于木柴厂的门口，一群人围着警官，那个咬人的小"罪犯"也在其中。这个小小的场面，好像挂满了聚光灯的剧院舞台一样，使奥楚蔑洛夫在大庭广众之前，在光天化日之下，演出了一场极为可笑的滑稽剧，反映了社会生活的悲剧冲突。

在契诃夫的小说中，人物动作和表

情的描写是刻画人物性格的重要组成部分。然而，在写坏人的时候，他的笔调是严肃的，在严肃的客观描写中隐藏着讽刺。奥楚蔑洛夫有一副严肃的仪表，举止庄重。当他听到有人喊叫声时，他把身子微微一"转"，"挤"进人群，"咳"了一声，"拧起"眉头，"严厉地"开始问话。这位警官的一副官老爷的架子，装模作样的丑态，只用"转""挤""咳"几个字，几个动作就形象地表现出来了，语言精练而富于表现力。特别应该指出的是奥楚蔑洛夫"脱""穿"大衣的两个动作，生动地传达出主人公的内心活动与思想起伏。他威风凛凛地恫吓狗主人，决定严加惩处，忽然听说狗是席加洛夫将军家的，他为自己的放肆而惴惴不安："席加洛夫将军？哦！……叶尔德林，帮我把大衣脱下来……真要命，天这么热。"他矛盾的心理和狼狈的举止呈现在读者的眼前，得多么讽刺。"变色龙"在寻找"变色术"，仿佛脱掉大衣能减轻他的负担，能脱离他的窘境似的。正在这时，得知狗不是将军家的，他立即又神气起来，说了要法办狗主人的话。然而他的话音刚落，巡警判断这狗可能是将军家的，他又为方才的得意忘形而恐惧了："哦！……叶尔德林老弟，给我穿上大衣吧……好像起风了，挺冷……"

"变色龙"又在寻找"变色术"，仿佛大衣能保护和掩饰自己似的。"变色龙"的灵魂通过一热一冷、一脱一穿的细节描写，展示得何等生动。契诃夫无须花费笔墨去进行人物心理描写，只就一件大衣的处理，就把人物在当时当地具体变化着的心理状态揭示得如此透彻、如此深刻，真可谓画龙点睛之笔。

  契诃夫的短篇小说以对话取胜，语言有显著的特色。人物的语言是充分个性化的，从人物的语言可以看到人物的精神面貌和性格特征。奥楚蔑洛夫对下是"太上皇"，因此傲慢自大，说话就是"我""我要""我绝不"等，如"我绝不轻易放过这件事""我要拿点颜色出来""我要好好地教训他一顿"。他的话不仅专横而且粗野，掺杂着骂人的字眼，什么"混蛋""猪崽子"五花八门。可是对上，在他的一副媚态中，是一片阿谀奉迎的语言："这是他老人家的狗？高兴得很""把这条狗带到将军家里去……就说这狗是我找着，派人送上的"。于是，"野狗""疯狗"变成了"娇贵""伶俐"的动物了，甜言媚语，令人作呕。为了趋炎附势，他会翻云覆雨，甚至倒打一耙，嫁祸于人，这在他的话语中得到了充分的体现，他指责赫留金说："你那手指头一定是给小钉子弄破的，后来却异想天开，想得到一笔什么赔偿损失费了。"一百八十度的大转弯,在他轻而易举,一会儿貌似公允要给你出气,一会儿又会编出谎言来诬害你,善变者有善变的语言和手法。尽管人群发出了笑声,他临走时还威胁说:"我早晚要收拾你!"这一结尾发人深思,余音绕梁,对认识"变色龙"为虎作伥的反动实质,提醒人们防备这类人物,具有深刻的启发意义。

(作者:康林)

读写津梁

为粗手大脚的爹娘画像

刘绍棠

我在阔别文坛22年,重新恢复创作权利,第一次出席北京文艺界聚会的讲话中宣告:"我要一生一世讴歌生我养我的劳动人民",并且仍然要保持我的"田园牧歌"风格。1979年我创作和发表的《芳草满天涯》等8个短篇小说,便是将这个诺言化为行动的体现。1979年底,面对当时五光十色的文学主张和创作现象,我总结自己的得失,认识自己的长短,选择今后的道路,决定致力乡土文学的创作。

乡土文学这个词儿,我最早见于鲁迅先生的《中国新文学大系·小说二集序言》中,而不是像某位理论家责难我是从台湾趸来的。但是,我并没有现成的乡土文学创作理论可循。我的学识和兴趣,也难以研究出一套理论来。因此,我只是满怀感恩、孝敬,为粗手大脚的爹娘——哺育、爱护、救助我的乡亲父老画像的心情,踏上这条虽然前人早已开端,却又已久荒芜的道路的。

《蒲柳人家》是我迈出的第一步。

近两年来,我创作和发表的13部中篇小说中,自以为《蒲柳人家》《渔火》(已收入湖南人民出版社出版的《刘绍棠中篇小说集》)、《瓜棚柳巷》(《当代》文学丛刊1981年第3期)、《花街》(《十月》文学丛刊1981年第4期)、《草莽》(《新苑》文学丛刊1981年第3期)、《水龙吟》(《科尔沁文学》1981年连载)、《荇水荷风》(《长江》文学丛刊1982年第1期)等七部,可算乡土文学之作。而发表在《北疆》文学丛刊1981年创刊号上的中篇小说《鱼菱风景》,则是运用乡土文学的艺术手段,表现农村现实生活题材的试作。

《蒲柳人家》等7部中篇小说，写的都是20世纪30年代中期京东北运河岸上农村的历史和风土人情。

我从自己乡土文学的创作实践中，得出了对乡土文学的认识，即：坚持文学的党性原则和社会主义性质，坚持现实主义，继承和发展民族风格，保持和发扬强烈的中国气派和浓郁的地方特色，描写农村的风土人情与农民的历史和时代命运。这当然不是乡土文学创作的"成龙配套"的理论，还有待真正的理论家的科学总结与概括。

有人说，我提倡乡土文学，而对其他文学创作品种采取排他主义，这是误解。有关乡土文学创作问题，我曾零零碎碎发表过不少短文，述说自己的看法和想法，毫无废黜百家、唯我独尊之意。因为，我读过文学史，古今中外没有任何一个文学流派，能够削平群雄，一统天下。牡丹虽然贵为花中之王，也不能扼制百花齐放；何况乡土文学不过野花而已，更不可能在文坛的百花园中取缔其他的奇花异卉。

进行乡土文学创作，必须深入生活，从生活出发，热爱和熟悉劳动人民，热爱和熟悉家乡的土地、风习和一草一木。我在《蒲柳人家》等7部中篇小说中所描写的劳动人民，都各自有生活的原型，他们在我的童年、少年、青年、中年时代有恩于我，对我怀有深情。他们中的许多人，都已先后作古，因而，我更加怀念和感激他们，也就文思潮涌，写个不止。现在，我准备告一段落，是因为我想进行一次总结，将来集中时间，集中精力，写一部人物比较多些，生活画面比较丰富多彩，篇幅比较长一点的作品。同时，也正因为农村现实生活题材强烈地激励着我，文思的潮头不断向这方面奔涌。

党的十一届三中全会以后，纠正了农村政策的"左"倾错误，落实两项决策，农村发生了巨大的变化。我与家乡父老兄弟姐妹保持着密切的联系，不但目睹生产在发展，产量在提高，农民的日子在一年年富起来的变化，而且深切地感受到农民的精神面貌，人与人之间的关系、社会风尚和家庭生活，都出现了令人喜悦的新气象。家乡大地上的新的风土人情，为我的乡土文学创作提供了大量的素材。

我并不想在反映农村现实生活题材的作品中图解政策或粉饰太平，而是要以饱蘸色彩的笔写人，写人情，写富起来的农村风光。还是搞田园牧歌和乡土风俗画，但却是现实生活的田园牧歌和乡土风俗画。深入到农村中去，深入到农民中去，便会发现，人情和风景，都美不胜收。但是，如果脱离生活，脱离群众，脱离实际，鼻梁上又架着左视或右视眼镜，便只能"望天低吴楚，眼空无物"，人家娶媳妇你吊孝。

因为是创作，所以每写一篇小说都是重新开创，没有一整套的经验可以照搬套用；否则，下一篇只不过是上一篇的复制品。因此，我面临着许多想到和想不到的难题，有待于通过创作实践进行解决。

我仍然是为粗手大脚的爹娘画像，但是粗手大脚的爹娘已经眉梢生喜，面带春风，目光中充满了希望，因此，我的作画必须具有新意和亮色，否则便会失真，歪曲劳动人民的形象。

《鱼菱风景》是我跨出的新一步，我将沿着这个方向，奋然前行。

1981年9月
（作者：刘绍棠）

小说中的肖像描写和语言描写

一、肖像描写

肖像描写又称外貌描写。它主要是指对人物的身材、容貌、姿态、服饰、仪表、风度、生理特征等的描写，肖像描写是人物形象描绘的一个重要方面，是塑造人物形象的重要手段。

成功的肖像描写，能在读者的想象中形成鲜明生动的形象，使读者仿佛看到了人物的音容笑貌，并由表及里地想象到人物的思想和性格。果戈理说过："外形是理解人物的钥匙"，老舍也认为"人物的外表要处，足以烘托出一个单独的人格"。由于人物的外貌往往与他的社会地位生活环境、个人经历、性格爱好等有着密切的关系，因此，成功的肖像描写，不仅能绘声绘色，使人物栩栩如生，而且还可以起到烘托人物活动的时代特点，突出作品主题，引出故事情节，透露人物在特定环境下隐蔽的精神世界等方面的作用。

肖像描写的方法多种多样。我们可以选择从各个不同的观察角度，来表现人物不同的性别、年龄、身份、职业、际遇、经历、性格以及生理特征等等，它可以一次基本完成，也可以在行文过程中分多次逐步展开。作者既可以在不同场合反复描写人物肖像的同一特点，在反复中进行强调，也可以在同一场合描写一个人物在肖像上的多方面特点，或者不同人物肖像的不同特征，以形成对比，加强效果。可以作静态的摹写，也可以作动态的描绘；可以采用精雕细刻的工笔描写，也可以采用简笔勾勒的白描；可以从正面描写，也可以从侧面描写；还可以借助比喻、拟人、夸张等修辞手法进行形象性的描摹。

总之，肖像描写的方法无一定之规。但是，成功的肖像描写却不外乎：一、写出了人物的外貌特征；二、展示了人物的内心世界。因此，在肖像描写中要注意：

切忌"脸谱化"。社会是纷繁复杂的，生活中的人物肖像也是各不相同的，这就决定了文学作品中的肖像也不应该是单调划一的。肖像描写如果千人一面或因袭他人，那就会失去意义和作用。

切忌"平板化"。不能从头到脚，不分主次地描绘人物外貌。要抓住最能表现人物性格特点、内心世界的外貌特征，或突出重点，或以点带面，否则"倘若画了全副的头发，即使细得逼真，也毫无意思"（鲁迅语）。

切忌"表面化"。外貌描写只是手段，塑造人物形象才是目的。鲁迅笔下的阿Q如果"戴上一顶瓜皮小帽"，虽然生动，但却"失去了阿Q"。对人物外貌的描写，应该尽量符合人物的身份，反映人物的经历，表现人物的思想感情，使肖像描写成为形象塑造的一个有机组成部分，进而起到深化主题的作用。

示例：

他没有什么模样，使他可爱的是脸上的精神。头不很大，圆眼，肉鼻子，两条眉很短很粗，头上永远剃得发亮。腮上没有多余的肉，脖子可是几乎与头一边儿粗；脸上永远红扑扑的，特别亮的是颧骨与右耳之间一块不小的疤——小时候在树下睡觉，被驴啃了一口。他不甚注意他的模样，他爱自己的脸正如同他爱自己的身体，都那么结实硬棒；他把脸仿佛算在四肢之内，只要硬棒就好。是的，到城里以后，他还能头朝下，倒着立半天。这样立着，他觉得，他就很像一棵树，上下没有一个地方不挺脱的。

——老舍《骆驼祥子》

他短小臃肿，外表结实，生就运动家般的骨骼。一张土红色的宽大的脸，到晚年才皮肤变得病态而黄黄的，尤其是冬天，他关在室内远离田野的时候。额角隆起，宽广无比。乌黑的头发，异乎寻常地浓密，好似梳子从未在上面光临过，到处逆立，赛似"梅杜斯头上的乱蛇"。眼中燃烧着一股奇异的威力，使所有见到他的人为之震慑；但大多数人不能分辨它们微妙的差别。因为在褐色而悲壮的脸上，这双眼睛射出一道犷野的光，所以大家总以为是黑的；其实却是微蓝的。平时又细小又深陷，兴奋或愤怒的时光才大张起来，在眼眶中旋转，那才奇妙地反映出它们真正的思想。他往往用忧郁的目光向天凝视，宽大的鼻子又短又方，竟是狮子的相貌。一张细腻的嘴巴，但下唇常有比上唇前突的倾向。牙床结实得厉害，似乎可以磕破核桃。左边的下巴有一个深陷的小窝，使他的脸显得古怪地不对称。

——罗曼·罗兰《贝多芬传》

二、语言描写

语言描写是指文学作品中人物的对话和独白。

语言描写是塑造人物形象的重要手段。成功的语言描写总是鲜明地展示人物的性格，生动地表现人物的思想感情，深刻地反映人物的内心世界，使读者"如闻其声，如见其人"，获得深刻的印象。

"言为心声"，不同思想、经历、地位、性格的人，使用的语言也是不同的。鲁迅曾说过："如果删掉了不必要之点，只摘出各人的有特色的谈话来，我想，就可以使别人从谈话里推见每个说话的人物。"能够让读者从"各人有特色的谈话"中来"推见每个说话人"，这便是成功的语言描写。

那么，怎样才能使人物的语言成为人物形象塑造的一个有机组成部分呢？

其一，语言要能显示人物的身份、职业、地位、经历。俗话说："三句话不离本行。"行话运用适当，人物的身份便自然而然得到了介绍。

其二，语言描写要能够表现人物的思想感情，反映人物的心理活动。语言是思想的直接体现，读者应该从人物独白中清楚地看到人物内心深处的真情实感，行为的动机，追求的目的，行将采取的措施等等。而人物之间的对话，则应该随着情节的开展逐步表现不同性格人物的不同感情，显示人物间的内心交流。它虽然不如独白那样直接、坦露，却同样应该使人感受到人物的情感的变化，触摸到人物的心灵深处。

其三，语言描写要性格化。要在描摹语态，叙写对话过程中表现出"这一个"的个性特征来。诸如阿Q的精神胜利，孔乙己的腐迂，周朴园的虚伪冷酷，吴荪甫的狡诈犟强，觉新的委曲求全，虎妞的泼辣粗野，三仙姑的装神弄鬼，李双双的热情爽直等等。做到从"有特色的谈话中"来"推见每个说话人"的具体性格。

其四，语言描写还应用来预示和推动故事情节的发展，交代事情的来龙去脉，或通过语言描写介绍环境或时代背景，或借人物之口作议论以深化主题，使语言描写成为作品的有机组成部分。

最后，语言描写还要生动、简洁，力忌八股调、学生腔。

示例：

女人低着头说：

"你总是很积极的。"

水生说：

"我是村里的游击组长，是干部，自然要站在头里。他们几个也报了名。他们不敢回来，怕家里的人拖尾巴。公推我代表，回来和家里人说一说。他们全觉得你还开明一些。"

女人没有说话。过了一会，她才说：

"你走，我不拦你。家里怎么办？"

水生指着父亲的小房，叫他小声一些。说：

"家里，自然有别人照顾。可是咱的庄子小，这一次参军的就有七个。庄上青年人少了，也不能全靠别人，家里的事，你就多做些，爹老了，小华还不顶事。"

女人鼻子有些酸，但她并没有哭。只说：

"你明白家里的难处就好了。"

水生想安慰她。因为要考虑准备的事情还太多，他只说了两句：

"千斤的担子你先担吧，打走了鬼子，我回来谢你。"

说罢，他就到别人家里去了，他说回来再和父亲谈。

鸡叫的时候，水生才回来。女人还是呆呆地坐在院子里等他，她说：

"你有什么话，嘱咐嘱咐我吧。"

"没有什么话了。我走了，你要不断进步，识字，生产。"

"嗯。"

"什么事也不要落在别人后面！"

"嗯，还有什么？"

"不要叫敌人汉奸捉活的。捉住了要和他拼命。"

这才是那最重要的一句，女人流着眼泪答应了他。

——孙犁《荷花淀》

文史广角

福楼拜教莫泊桑如何细致入微地观察事物

莫泊桑出生在法国西北部诺曼底省狄埃卜城附近的一个没落贵族家庭。他刚出生不久，父母就因为经常闹矛盾而分居

莫泊桑

了，小莫泊桑便跟随母亲生活。后来，他们搬到了海边的一个乡村里，母子俩相依为命，日子过得很艰辛。莫泊桑的母亲读过很多书，十分喜爱文学，她一有空闲时间就会坐在小莫泊桑的床边，

给他讲有趣的童话故事和神话传说。每当这时候，小莫泊桑就会睁大眼睛，一动也不动地静静地听。在母亲的熏陶和启发下，小莫泊桑对文学产生了浓厚的兴趣。等到小莫泊桑稍长大一些时，母亲便开始教他认字。莫泊桑的记忆力非常强，凡是母亲教过的知识，他很快就能记住并灵活应用。到了他6岁的时候，就已经能够自如地阅读小说了。小莫泊桑很喜欢看文学著作，经常到母亲的书房里去翻看，开始时母亲并没有太在意，认为他不过是对书房感兴趣而已。可是过了一段时间，母亲才发现小莫泊桑竟然把自己收藏的小说都读完了，提问他时也能说出大概内容，这让母亲既感到吃惊也觉得欣慰。可以说，母亲是莫泊桑走上文学创作道路的第一位老师。

10岁那年，莫泊桑进入一所教会学校读书。教会学校的课程枯燥乏味，莫泊桑并不喜欢，于是他就把大多数时间用来阅读文学作品。在这期间，他先后阅读了莎士比亚、狄更斯和雨果等大文学家的作品。莫泊桑还喜欢随身带着书，无论他走到哪儿都能阅读。可是，教会学校不允许学生们阅读课外读物。有一次，老师正在课堂上讲解《圣经》，莫泊桑就悄悄拿出一本莎士比亚的书在桌子下面阅读，可能是他读得太投入了，连老师走到身边都没有察觉。"莫泊桑，你在做什么？上课是不允许读课外书的！"老师非常生气，不仅把他的书没收了，还罚他站着听一个月的课。还有一次，大家都在教堂做弥撒时，莫泊桑偷偷地从兜里把书拿出来看，结果又被老师发现了，被狠狠地训斥了一顿。不过，教会学校的严格制度并没有扼杀莫泊桑的读书热情，反倒让他暗下决心：今后一定要做一名优秀的作家。

莫泊桑18岁的时候进入卢昂中学读书，这是法国一所颇有名气的学校。在这里，著名诗人路易布耶成了莫泊桑的文学老师。虽然路易布耶本人并不是一个伟大的诗人，但他对文学有很深的造诣，而且他还是莫泊桑的舅舅蒲瓦特万幼年时的朋友，所以对莫泊桑自然是格外关心。路易布耶在莫泊桑的习作中看出了他的写作天赋，便格外注意对他进行培养。他总是单独给莫泊桑出一些作文题，让他练习写作，还在写作方法上予以指导。路易布耶告诉莫泊桑："假使你能够作出一百句显出本来面目的诗，你就可以成名了。"这让莫泊桑懂得了每首诗都要有自己的独创性和实际内容的道理。在路易布耶的悉心指导下，莫泊桑的写作水平提高很快，甚至有些小文章还被当地的报刊选登发表。

福楼拜

不过,真正让莫泊桑在写作方面登堂入室的还是文学大师福楼拜。莫泊桑中学毕业的时候正值普法战争爆发,他不得不中断学业应征入伍,成为一名军人。1871年战争结束,莫泊桑退伍后在卢昂市海军部和教育部当职员。在工作之余,他开始从事写作。这时,他有幸遇到了当时的法国文学大师福楼拜。福楼拜是莫泊桑的舅舅的同窗好友,正好也住在卢昂市。那段时间,莫泊桑一有空儿便带上自己的习作去福楼拜家请他指点。福楼拜对莫泊桑的文学才华也很欣赏,就收下他做学生。就这样,大文学家福楼拜成为莫泊桑文学上的导师,他们两人结下了亲如父子的师生关系。

有一天,莫泊桑又带着自己写的文章登门求教了,他坦诚地说:"老师,我已经读了很多书,为什么写出来的文章总是不生动感人呢?"

"哦,这个问题嘛,很简单,就是你的功夫还不到家。"福楼拜毫不避讳地说。

"那么……怎样才能使功夫到家呢?"莫泊桑急切地问。

"这就要肯吃苦、勤练习。你们家门前不是天天都有马车经过吗?你就站在门口,把每天看到的情况都详详细细地记录下来,而且要长期记下去。"

第二天,莫泊桑便遵照老师的指示,站在家门口,看着大街上来来往往的马车。可是他从早看到晚,从日出看到日落,都没看出什么门道。接着,他又连续看了两天,还是没有发现什么。万般无奈,莫泊桑只得再次来到福楼拜家,他一进门就说:"老师,我按照您的指示看了几天马车,没看出什么特殊的东西,满大街上来来去去的不都是马车吗?这有什么好写的呢?"

"不,不不!怎么能说没有什么东西好写呢?那些装饰华丽的马车跟装饰简陋的马车能一样吗?在烈日炎炎下,马车是怎样走的?在狂风暴雨中,马车又是怎样走的?当马车在爬坡时,马匹的姿势是怎样的?当马车下坡时,车夫又是怎样吆喝的?他的表情是什么样的?这些你都观察到了吗?这么多可观察、可记录的东西,怎么会没有什么好写的呢?"福楼拜滔滔不绝地说着,"如果你能像画家一样,把车夫和乘客的行为和动作都记录下来,并传神地表达出他们的内心世界,你的写作便过关了!"

从此,莫泊桑一回到家便站在大门

口，全神贯注地观察过往的马车。他记下了各种各样的马车行进场面，并写了一些作品。莫泊桑觉得自己已经掌握了写作的要领，便再一次去请福楼拜指导。

福楼拜认真地看了几篇，脸上露出了微笑，他对莫泊桑说："你的确有了一些进步，但是年轻人，你永远不要忘记，所谓'才气'是长期坚持不懈的结果。所以，你还是要努力地坚持写下去吧。"他看莫泊桑在凝神地听着，便又继续说道："对你所要写的东西，光仔细观察还不够，还要能发现别人没有发现和没有写过的特点。比如说，你要描写一堆篝火或一棵树，就要努力去发现它们和其他的篝火、树木不同的地方。当你走过一个坐在自家店门前的杂货商面前时，走过一个吸着烟斗的守门人面前时，走过一个马车站面前时，就要学着用画家的手法把守门人的身材、姿态、面貌、衣着及全部精神、本质都表现出来，让读者看了以后，不至于把他同农民、马车夫或其他任何守门人混同起来。当你能做到这些的时候，你才是真正有进步了！"莫泊桑点了点头，他从心里佩服老师的精妙点拨。

有一次，莫泊桑从邻居那里听来几个故事，他觉得很新鲜也很生动，于是就打算在这些故事的基础上写小说。但他心里还是有点儿拿不准，就跑去请教福楼拜。他把那几个故事和福楼拜讲了一遍后，提出了自己的看法："这些故事内容丰富，足够写出作品来。"福楼拜看了看莫泊桑，说："我看你还是别写这些故事为好。你最好做一做这样的练习：骑着马出去跑一圈，一两个钟头以后再回来，把自己所看到的一切记下来。"莫泊桑听从了老师的告诫，打消了听取别人的故事来写故事的主意，并按照老师的说法，骑着马出去跑了一圈，回来后写出了自己的所见所闻。他按照这种方法练习了一年之久，终于写出了一篇著名的短篇小说——《点心》。

就这样，福楼拜通过他的言传身教，让莫泊桑领略了文学创作的真谛。莫泊桑也把老师的话牢牢记在心头，更加勤奋努力。他仔细观察，用心揣摩，积累素材，终于写出了如《羊脂球》《我的叔叔于勒》《项链》等一大批享有世界声誉的短篇佳作。

趣味语文

沈从文："唐代文官的胡子是翘翘的"

雕塑家阎玉敏出生于上海，曾师从

著名雕刻家郑可、雕塑大师刘开渠。老人现在已经85岁了。说起让她受益最深的老师,她提起了沈从文先生。

20世纪70年代初期,阎玉敏在界首陶瓷厂工作,当时想着为厂里创造点效益,就塑造了李白小像,准备和马鞍山的太白楼合作。没想到对方一看到这个李白卧像就起了兴趣,原来这尊像与破"四旧"时被扔掉的一尊李白像很相似。之后,阎玉敏被派往中国历史博物馆,在这里她待了近一年,主要是为太白楼塑像,也正是因为为李白塑像,她得以接受沈从文的指教。

对于沈从文的指点,阎玉敏说,首先就是李白的胡子。开始她塑造的胡子是平的,沈从文一看,说胡子不对,应该是翘翘的。阎玉敏说起初不大相信,沈从文就带着她看一些早期的画像。武则天之子章怀太子的墓被发掘后,样品送到中国历史博物馆来,沈从文带着她去看了实物。沈从文指着出土的壁画给她看,说你注意下唐代文官的胡子,都是翘翘的。阎玉敏看了心服口服,接下来就进行了认真的修改。阎玉敏说,她永远都忘不了沈从文那么大年龄还爬梯子为她修改雕塑的情景,觉得他真是赤诚之心,毫无保留。

沈从文一再对她强调说,李白是一个富有激情的爱国诗人,是一个极其浪漫的诗人,同时也是一个生活在唐代的文官。最初他看到阎玉敏的塑像时说,你做的不像是李白,倒像是现在的一个工人。于是阎玉敏便花大力气去做修改。

沈从文总是对她说,阎同志,你先停下来,多读读李白的诗,多体会李白的诗意,多了解一下诗人的气度。

有时候,沈从文讲着讲着就拿出纸和笔,就手画出了唐代文官的软巾帽、衣服圆领、腰带式样等等,最后讲完了就把画稿撕下来送给了阎玉敏。

为了李白像的衣服纹饰,沈从文也是多次给她找资料,衣服上的具体纹样、花式,以及腰带的宽窄、式样等等都做了具体指导,当时还制作了一件宽袖圆领的长袍,用吹风机吹起来,给她带来了很大的灵感。

恍然四十多年过去了,阎玉敏对于那一年的沈从文印象仍是记忆犹新,"坦诚、好激动、容易流泪",平时也不大和别人多说话,就是到李白像现场来看看,做些指导,然后就带着她到处去看有关李白像的古画。当时沈从文除了热衷于对李白像的指导外,还苦心搜集了大量的资料并手写几万字的方案,用于太白楼的陈列工作,这些都让阎玉敏大有感触。至今她还珍藏着两封沈从文给她的信,且这信尚未收录进《沈从文全集》中，从这两封信中可见沈从文对于文博事业之热心，及对朋友之热忱。

> 阎同志：带来些《故宫周刊》，部分加有签条说及和李白诗文及游踪有关的可用资料，可以看看，或捎给周同志等看看，大致若调黄永厚同志来协助工作，这些相先照成四寸大底片，决定要用时再照需要放大即成。这只是其中一部分，另外的礼拜三当为捎来。至于在别的画册的，如东北博画册、申博画册（二种）、故宫画册（三种），日印唐宋名画册等等，当于看过后选出再奉告。又附来一有关李白的小册子，内有我上次说的李白诗集板本表，及经行地图，似乎都还有用。这书若买不到，可以照一个相将来放大画出。这书是借来的，照相后即望还我。如内部能买得到，我必为设买来。

这封信像是一个手写便条，是用钢笔竖写的，日期为"十月八日"，应该是1973年，当时沈从文正有意调在合肥的黄永厚参与太白楼的陈列事宜。

> 玉敏同志：不见数月……我是六月中旬由南方回来的。去苏州和家里人住了四十多天。后来又同十多亲友爬上黄山，前后过了八天。在雨雾中上山，传（转）到住处即又放晴，印象极好。体力也还对付得过去，不感疲劳。证明身心还受得住高山气候考验。唯视力似已较差，回来后才知道眼底出血并未吸收，并发现有轻微白内障，因此左眼视力衰退，实意中事！近正争时间赶抄"服装资料说明"，约廿四万字，若无意外故障，年终或可上交。还拟添三五百幅图，在说明中，说服力或较强。你上次借用的材料，存馆中的已看过。还有些你带去合肥部分，盼望你能协助一下，为暂时寄还，便于清点清点。以后若还有用，仍可借去使用。……黄永玉等已无事，只是李可染、吴作人等画，不供分销月份牌使用。又闻新北京饭店也不用。若照日本文艺界出面情形而言，过不多久，但又会出面，也未可知。

这封信为毛笔书写，沈氏章草，满满两张，日期为"九月廿四"，即1974年秋季，那一年沈从文离京去了南方，并在亲友的陪同下登上了黄山，由此证明他的"不服老"，虽然身在山中，心里仍惦记着几位老友们的艺术处境。

（作者：王道；选自《文汇报》2017年7月25日。有删节）

三　家国情怀

《大学》有云："古之欲明明德于天下者，先治其国；欲治其国者，先齐其家；欲齐其家者，先修其身。"这段话将国家、社会、家庭和个人看成一个密不可分的整体，奠定了国人修身、齐家、治国、平天下的道德理想和行为准则。数千年间，无论是社会变迁，还是沧海桑田，中国人皆知"万物本乎天，人本乎祖"的规则，都遵循"敬天法祖重社稷"的古训，无数英雄志士正是在这种情怀的熏陶和指引下，怀抱着保家卫国、济世安民的理想上下求索，慷慨以赴，从容适变。"匈奴未灭，无以家为也"，是霍去病的豪迈气概；"烽火连三月，家书抵万金"，是杜甫忧国思家的情思；"先天下之忧而忧，后天下之乐而乐"，是范仲淹忧国忧民的胸怀；"王师北定中原日，家祭无忘告乃翁"，是陆游至死不渝的牵挂……

中共中央办公厅印发的《关于培育和践行社会主义核心价值观的意见》，将24字社会主义核心价值观分成国家、社会、个人3个层面，将涉及国家、社会、个人的价值要求融为一体，也暗合了传统的家国一体理念，而且二者包含的逻辑起点也是一致的。

主题阅读

"少年中国"的"少年运动"

我们的理想，是在创造一个"少年中国"。

"少年中国"能不能创造成立，全看我们的"少年运动"如何。

我们"少年中国"的理想，不是死板的模型，是自由的创造；不是铸定的偶像，是活动的生活。我想我们"少年中国"的少年，人人理想中必定都有一个他自己所欲创造而且正在创造的"少年中国"。你理想中的"少年中国"，和我理想中的"少年中国"不必相同；我理想中的"少年中国"，又和他理想中的"少年中国"未必一致。可是我们的同志，我们的朋友，毕竟都在携手同行，沿着那一线清新的曙光，向光明方向走。那光明里一定有我们的"少年中国"在。我们各个不同的"少年中国"的理想，一定都集中在那光明里成一个结晶，那就是我们共同创造的"少年中国"。仿佛像一部洁白未曾写过的历史空页，我们大家你写一页，我写一页，才完成了这一部"少年中国"史。

我现在只说我自己理想中的"少年中国"。

我所理想的"少年中国"，是由物质和精神两面改造而成的"少年中国"，是灵肉一致的"少年中国"。

为创造我们理想的"少年中国"，我很希望这一班与我们理想相同的少年好友，大家把自己的少年精神拿出来，努力去做我们的"少年运动"。我们"少年运动"的第一步，就是要做两种的文化运动：一个是精神的改造运动，一个是物质的改造运动。

精神的改造运动，就是本着人道主义的精神，宣传"互助""博爱"的道理，改造现代堕落的人心，使人人都把"人"的面目拿出来对他的同胞；把那占据的冲动，变为改造的冲动；把那残杀的生活，变为友爱的生活；把那侵夺的习惯，变为同劳的习惯；把那私营的心理，变为公善的心理。这个精神的改造，实在是要与物质的改造一致进行。而在物质的改造开始的时期，更是要紧，因为人类在马克思所谓"前史"的期间，习染恶性狠深；物质的改造虽然成功，人心内部的恶，若不划除净尽，他世新社会新生活里依然还要复萌，这改造的社会组织，终于受他的害，保持不住。物质改造的运动，就是本着勤工主义的精神，创造一种"劳动神圣"的组织，改造现代游惰本位、掠夺主义的经济制度，把那劳工的生活，从这种制度下解放出来，使人人都须做工，做工的人都能吃饭。因为经济组织没有改变，精神的改造很难成功。在从前的经济组织里，何尝没有人讲过"博爱""互助"的道理，不过这表面构造（就是一切文化的构造）的力量，到底比不上基础构造（就是经济构造）的力量大；你只管让你的道理，他时时从根本上破坏你的道理，使他永远不能实现。

"少年中国"的少年好友呵！我们的一生生涯，是向"少年中国"进行的一条长路程。我们为达到这条路程的终点，应该把这两种文化运动，当作车的两轮，鸟的双翼，用全生涯的努力鼓舞着向前进行！向前飞跃！

"少年中国"的少年好友呵！我们要做这两种文化运动，不该常常漂泊在这都市上，在工作社会以外做一种文化的游民；应该投身到山林的村落里去，在那绿野烟雨中，一锄一犁的做那些辛苦劳农的伴侣。吸烟休息的时间，田间篱下的场所，都有我们开发他们、安慰他们的机会。须知"劳工神圣"的话，断断不配那一点不做手足劳动的人讲的；那不劳而食的知识阶级，应该与那些资本家一样受排斥的。中国今日的情形，都市和村落完全打成两样，几乎是两个世界一样。都市上发生的问题，所传播的文化，村落里的人，毫不发生一点关系；村落里的生活，都市上的人，大概也是漠不关心，或者完全不知道他是什么状况。这全是交通阻塞的缘故。交通阻塞的意义，有两个解释：一是物质的交通阻塞，用邮电舟车可以救济的；一是文化的交通阻塞，非用一种文化的交通机关不能救济的。在文化较高的国家，一般劳农容受文化的质量多，只要物质的交通没有阻塞，出版物可以传递，文化的传播，就能达到这个地方；而在文化较低的国家，全仗自觉少年的宣传运动，在这个地方，文化的交通机关，就是在山林里与那些劳农共同劳动自觉的少年。只要山林村落里有了我们的足迹，那精神改造的种子，因为得了洁美的自然、深厚的土壤，自然可以发育起来。那些天然和自然界相接的农民，自然都成了人道主义的信徒。不但在共同的劳作生活里可以感化传播于无形，就是在都市上产生的文化利器——出版物类——也必随着少年的足迹，尽量输入到山林村落里去。我们应该学那闲暇的时候就来都市里著书，农忙的时候就在田间工作的陶士泰（为"托尔斯泰"——编者注）先生。文化的空气，才能与山林里村落里的树影炊烟联成一气；那些静沉沉的老村落，才能变成活泼泼的新村落。新村落的大联合，就是我们的"少年中国"。

我们"少年中国"的少年好友呵！我们既然是20世纪的少年，就应该把眼光放的远些，不要受腐败家庭的束缚，不要受狭隘爱国心的拘牵。我们的新生活，小到完成我的个性，大到企图世界的幸福，我们的家庭范围，已经扩充到全世界了，其余都是进化轨道上的遗迹，都应该打破。我们应该拿世界的生活，做家庭的生活；我们应该承认爱人的运动，比爱国运动更重。我们的"少年中国"观，决不是要把中国这个国家，作少年的舞台，去在列国竞争场里争个胜负；乃是要把中国这个地域，当作世界的一部分，由我们居住这个地域的少年朋友们下手改造，以尽我们对于世界改造一部分的责任。我们"少年运动"的范围，决不止于中国，有时与其他亚细亚的少年握手，做亚细亚少年的共同运动；有时与世界的少年握手，作世界少年的共同运动。也都是我们"少年中国主义"分内的事。

总结几句话，就是：

我所希望的"少年中国"的"少年运动"，是物心两面改造的运动，是灵肉一致改造的运动，是打破知识阶级的运动，是加入劳工团体的运动，是以村落为基础建立小组织的运动，是以世界为家庭扩充大联合的运动。

"少年中国"的少年呵！"少年中国"的运动，就是世界改造的运动；"少年中国"的少年，都应该是世界的少年。

（作者：李大钊）

赏析

身处20世纪初落后挨打、衰败腐朽的"老大帝国"，早期共产党人李大钊却期望能通过自己以及几代人的努力，创造出一个朝气蓬勃的"少年中国"来。为着这理想中的少年中国，他提出要从两方面来努力，并以澎湃的激情和有力的语言，呼吁"少年中国"的少年朋友共同为此目标努力。老一辈无产阶级革命家描绘的催人奋进的理想目标就是："少年中国"的运动，就是世界改造的运动；"少年中国"的少年，都应该是世界的少年。

在东京中国留学生欢迎大会的演说

兄弟此次东来，蒙诸君如此热心欢迎，兄弟实感佩莫名。窃恐无以副诸君欢迎之盛意，然不得不献兄弟见闻所及，与诸君商定救国之方针，当亦诸君所乐闻者。兄弟由西至东，中间至米国①圣路易斯②观博览会，此会为新球开辟以来的一大会。后又由米至英、至德、至法，乃至日本。离东二年，论时不久，见东方一切事皆大变局，兄弟料不到如此，又料不到今日与诸君相会于此。近来我中国人的思想议论，都是大声疾呼，怕中国沦为非、澳。前两年还没有这等的风潮。从此看来，我们中国不是亡国了。这都由我国民文明的进步日进一日，民族的思想日长一日，所以有这样的影响。从此看来，我们中国一定没有沦亡的道理。

今日试就我历过各国的情形，与诸君言之。

日本与中国不同者有二件：第一件是日本的旧文明皆由中国输入。五十年前，维新诸豪杰沉醉于中国哲学大家王阳明③知行合一的学说，故皆具有独立尚武的精神，以成此拯救4500万人于水火中之大功。我中国人则反抱其素养的实力，以赴媚异种，故中国的文明遂至落于日本之后。第二件如日本衣、食、住的文明乃由中国输入者，我中国已改从满制，则是我中国的文明已失之日本了。后来又有种种的文明由西洋输入。是中国文明的开化虽先于日本，究竟无大裨益于我同胞。

渡太平洋而东至米国，见米国之人物皆新。论米人不过由400年前哥伦布开辟以来，世人渐知有米国；而于今的文明，即欧洲列强亦不能及。去年圣路易斯的博览会为世界最盛之会，盖自法人手中将圣路易斯买来之后，特以此会为纪念。米国从前乃一片洪荒之土，于今四十余州的盛况，皆非中国所能及。兄弟又由米至英、至法、至德，见各洲从前极文明者，如罗马、埃及、希腊、雅典等皆败，极野蛮者如条顿民族[④]等皆兴。中国的文明已有数千年，西人不过数百年，中国人又不能由过代之文明变而为近世的文明；所以人皆说中国最守旧，其积弱的缘由也在于此。殊不知不然。不过我们中国现在的人物皆无用，将来取法西人的文明而用之，亦不难转弱为强，易旧为新。盖兄弟自至西方则见新物，至东方则见旧物，我们中国若能渐渐发明，则一切旧物又何难均变为新物？如英国伦敦，先无电车而用马车，百年后方用自行车而仍不用电车。日本去年尚无电车，至今而始盛。中国不过误于从前不变，若如现在的一切思想议论，其进步又何可思议！又皆说中国为幼稚时代，殊不知不然。中国盖实当老迈时代。中国从前之不变，因人皆不知改革之幸福，以为我中国的文明极盛，如斯已足，他何所求。于今因游学志士见各国种种的文明，渐觉得自己的太旧了，故改革的风潮日烈，思想日高，文明的进步日速。如此看来，将来我中国的国力能凌驾全球，也是不可预料的。所以各志士知道我们中国不得了，人家要瓜分中国，日日言救中国。倘若是中国人如此能将一切野蛮的法制改变起来，比米国还要强几分的。何以见之？米国无此好基础。虽西欧英、法、德、意皆不能及。我们试与诸君就各国与中国比较而言之：

日本不过我中国四川一省之大，至今一跃而为头等强国；

米国土地虽有清国版图之大，而人口不过八千万，于今米人极强，即欧人亦畏之；

英国不过区区海上三岛，其余都是星散的属地；

德、法、意诸国虽称强于欧西，土地人口均不如我中国；

俄现被挫于日本，土地虽大于我，人口终不如我。

则是中国土地人口，世界莫及。我们生在中国，实为幸福。各国贤豪皆羡慕此英雄用武之地，而不可得。我们生在中国，正是英雄用武之时。反都是沉沉默默，让异族儿据我上游，而不知利用此一片好山河，鼓吹民族主义，建一头等民主大共和国，以执全球的牛耳⑤，实为可叹！

所以西人知中国不能利用此土地也，于是占旅顺、占大连、占九龙等处，谓中国人怕他。殊不知我们自己能立志恢复，他还是要怕我的。即现在中国与米国禁约的风潮起，不独米国人心惶恐，欧西各国亦莫不震惊。此不过我国民小举动耳，各国则震动若是，倘有什么大举动，则各国还了得吗？

所以现在中国要由我们四万万国民兴起。今天我们是最先兴起一日，从今后要用尽我们的力量，提起这件改革的事情来。我们放下精神说要中国兴，中国断断乎没有不兴的道理。

即如日本，当维新时代，志士很少，国民尚未大醒，他们人人担当国家义务，所以不到三十年，能把他的国家弄到为全球六大强国之一。若是我们人人担当国家义务，将中国强起来，虽地球上六个强国，我们比他还要大一倍，所以我们万不可存一点退志。日本维新须经营三十余年，我们中国不过二十年就可以。盖日本维新的时候，各国的文物，他们国人一点都不知道；我们中国此时，人家的好处人人皆知道，我们可以择而用之。他们不过是天然的进步，我们这方才是人力的进步。

又有说中国此时的政治幼稚、思想幼稚、学术幼稚，不能猝学极等文明。殊不知又不然。他们不过见中国此时器物皆旧，盖此等功夫，如欧洲著名各大家用数十余年之功发明一机器，而后世学者不过学数年即能造作，不能谓其躐等⑥也。

又有说欧米共和的政治，我们中国此时尚不能合用的，盖由野蛮而专制，由专制而立宪，由立宪而共和，这是天然的顺序，不可躁进；我们中国的改革最宜于君主立宪，万不能共和。殊不知此说大谬。我们中国的前途如修铁路，然此时若修铁路，还是用最初发明的汽车，还是用近日改良最利便之汽车，此虽妇孺亦明其利钝。所以君主立宪之不合用于中国，不待智者而后决。

又有说中国人民的程度，此时还不能共和。殊不知又不然。我们人民的程度比各国还要高些。兄弟由日本过太平洋到米国，路经檀香山，此地百年前不过一野蛮地方，有一英人至此，土人还要食他，后来与外人交通，由野蛮一跃而为共和。我们中国人的程度岂反比不上檀香山的土民吗？后至米国的南七省，此地因养黑奴，北米人心不服，势颇骚然，因而交战五六年，南败北胜，放黑奴二百万为自由民。我们中国人的程度又反不如米国的黑奴吗？我们清夜自思，不把我们中国造起一个二十世纪头等的共和国来，是将自己连檀香山的土民、南米⑦的黑奴都看作不如了，这岂是我们同志诸君所期望的吗？！

所以我们决不能说我们同胞不能共和，如说不能，是不知世界的进步，是不知世界的真文明，不知享这共和幸福的蠢动物了。

若使我们中国人人已能知此，大家已担承这个责任起来，我们这一份人还稍可以安乐。若今日之中国，我们是万不能安乐的，是一定要劳苦代我四万万同胞求这共和幸福的。

若创造这立宪共和二等的政体，不是在别的缘故上分判，总在志士的经营。百姓无所知，要在志士的提倡；志士的思想高，则百姓的程度高。所以我们为志士的，总要择地球上最文明的政治法律来救我们中国，最优等的人格来待我们四万万同胞。

若单说立宪，此时全国的大权都落在人家手里，我们要立宪，也是要从人家手里夺来。与其能夺来成立宪国，又何必不夺来成共和国呢？

又有人说，中国此时改革事事取法于人，自己无一点独立的学说，事先不能培养起国民独立的性根⑧来，后来还望国民有独立的资格吗？此说诚然。但是此时异族政府禁端百出，又从何处发行这独立的学说？又从何处培养起自己国民独立的性根？盖一变则全国人心动摇，动摇则进化自速，不过十数年后，这"独立"两字自然印入国民的脑中。所以中国此时的改革，虽事事取法于人，将来他们各国定要在中国来取法的。如米国之文明仅百年耳，先皆由英国取法去的，于今为世界共和的祖国；倘是仍旧不变，于今能享这地球上最优的幸福不能呢？

若我们今日改革的思想不取法乎上，则不过徒救一时，是万不能永久太平的。盖这一变更是很不容易的。

我们中国先是误于说我中国四千年来的文明很好，不肯改革，于今也都晓得不能用，定要取法于人。若此时不取法他现世最文明的，还取法他那文明过渡时代以前的吗？我们决不要随天演的变更，定要为人事的变更，其进步方速。兄弟愿诸君救中国，要从高尚的下手，万莫取法乎中，以贻我四万万同胞子子孙孙的后祸。

（作者：孙中山；选自《孙中山全集》第1卷）

【注释】

①米国：即美国。②圣路易斯：是

当时美国密西西比州最大的都会区，是美国中西部交通枢纽。③王阳明（1472—1529）：即王守仁，明代哲学家。④条顿民族：泛指日耳曼人及其后裔，这里指德国。⑤执全球的牛耳：意思是在全球居领导地位。⑥躐（liè）等：不按次序。⑦南米：指美国南部。⑧性根：意同"根性"，本性，本质。

赏析

孙中山先生的这篇演讲词，先从"国民文明""民族思想"的日益进步，得出中国决不会沦亡的判断，论证"改革"的可能性；再从各国的兴衰历史进行分析对比，指出中国唯有"改革"并建立"共和"，才能振兴，论证"改革"的必然性；接着，严厉批驳了改良派的"只可立宪，不可革命"的观点，强调中国应该"取法乎上"，向外国学习最先进的东西；最后，分别从"责任""提倡""夺权""取法"等方面，澄清一些似是而非的思想和言论，陈述建立"共和"的合理性与必要性。

这篇演讲充满了作者忧国忧民之情，层层推进，慷慨陈词，从思想内容到艺术技巧均达到了炉火纯青的境界。

含英咀华

极具现场感的滔滔雄辩
——《鱼我所欲也》解读

《鱼我所欲也》选自《孟子·告子上》，是孟子与告子关于人性善恶的辩论。《告子》一章，缜密的逻辑，雄辩的语势，还裹挟着一股夺人心魄的浩然之气。这种极具现场感的论辩，让人感受到了稷下学宫先哲们彼此间灵魂与智慧交锋碰撞的魅力。

先秦诸子多擅长以喻辩理，这种形象思维与抽象思维之间微妙的跳跃有着不可言喻的妙处。"鱼"与"熊掌"，口体之奉也；"生"与"义"，灵魂之寄也。其实，口体之奉与灵魂之寄是人的物质与精神的两端。这两大"欲望"，套用马斯洛的生存七层次说，从"生理需求"上升到了"安全需求"和"自尊需求"。在"生理需求"层面的"鱼"与"熊掌"的选择完全受控于生理本能，没有任何意志的成分；在"安全"与"尊严"需求层面的"生"与"义"的选择，则是一种意志的考量。严格地说，这种设喻缺乏逻辑的严密性。然而在孟子看来，一个没有"失其本心"的人，这种不同层面的选择是自然而然的。人人皆有不忍之心，一个人只要充分发挥这一天性，就会有内在的仁德，内在仁德达到极致，就会与"天"与宇宙同一，成为一个整体，就会养成一股"至大至刚"的浩然之气，就会达到"万物皆备于我"的至高境界。这样，这个貌似顺理成章设喻引出论点的思维跳跃，孟子巧妙地把其哲学内核"性善论"埋在了里面。这一招很容易把辩手蒙住，但要让辩手折服，还需展开细密的演绎剖析。

于是，顺理成章进入论辩的第二个层次。

对于"生"与"义"的选择的极致在于对待"生"与"死"的态度。人之常情趋生避死，但持有"恻隐之心""羞恶之心""辞让之心""是非之心"这"四端"的人对于生和死却赋予了伦理的意义，这种伦理的意义正是生命存在的价值所在，也是人之所以称其为人的根本。孟子认为这"四端"若不受外部环境的阻碍，就会从内部自然发展，犹如种子自己长成树，蓓蕾自己长成花。这也是孟子同告子争论的根本之点，告子认为人性本身无善无不善，因此道德是从外面人为地加上的东西，即所谓"义，外也"。孟子却认为"羞恶之心，义之端也"。"甚于生者"的"所欲"和"甚于死者"的"所恶"，不是靠一种外在的意志力驱使，而是一种高尚的生命本能，这种高尚的生命本能是"天之所与我者"，也就是一种生命的"本心"。在这种"本心"的内在驱使下，不苟且偷生，不逃避祸患。这就是生命的"浩然之气"。

为了把这个道理说透，孟子笔锋一转，运用假设推理，从反面，把人从"安全"与"尊严"层面陡落至与动物无异的"生理需求"层面："凡可以得生者，何不用也""凡可以避患者，何不为也"。如使芸芸众生以这两种"凡可以"状态生存，那么，一切"凡可以"想象到的和不可以想象到的罪恶之花就会在人世间狂放，如果这样一个丧失仁爱的非人世界出现是多么可怕啊。这是论辩的第二个层次。毋庸讳言，我们的事实存在毕竟还是人伦纲常尚存的人世间。由于仁善本心的自然驱使，就产生了"生而有不用""可以避患而有不为"的义举。并且孟子理想地认为这不仅仅是道德君子的高标，"非独贤者有是心也，人皆有之，贤者能勿丧耳"，于是将论证归结到了"人皆可为尧舜"的"性善论"哲学内核之中。设喻引出论点（启）、正面展开剖析（承）、反面假设推理（转）、回归性善本心（合），层层推进，摇曳跌宕，完成了一个严谨的演绎论证过程。

末句的"勿丧"既是对首段演绎论证的哲学归总，又勾连起下段的归纳论证。

作为现场感极强的论辩，仅仅演绎论证剖析事理则过于客观冷静，事实胜于雄辩，只有源于生活的活生生的事实，才能让雄辩落地生根，具有生活的温度。于是，自然转到下段的事实归纳论证。

孟子首先呈现的生活画面是极其普通的"一箪食、一豆羹"，这是最微不足道的口体之奉，孟子却把它们置于"得之则生，弗得则死"的重要生死临界点上，面对这样的生死临界点，最普通、最低微的"行路之人"和"乞人"，却因"羞恶之心"而"弗受"和"不屑"。请注意孟子在这个归纳论证中的选例，"行路之人"和"乞人"是"人"这个属类中最接近"生理需求"层面的人，却有贫贱不能移的义举，这就构成了一个巨大的落势，这个巨大的落势印证了"本心"的力量。这是第一个层次。

然后，孟子笔锋一转，从最微不足道的口体之奉转到"万钟"之俸，对之的态度也由"弗受"和"不屑"转为"不辩礼仪而受之"，并且以世俗意义的尊贵者的三个理由来陈述"受之"的益处。能享受"万钟"之俸的人，是远远超越"生理需求"层面的人，结果却在远远超越"生理需求"层面的同时彻底丧失了"本心"，这凸显了"勿丧"的重要性，更说明了灵魂的高度与物质的富足是不成正比的。这第二个层次与第一层形成了鲜明的对比，产生了巨大的张力。

为了让这张力扩大到极限，孟子又乘势将这种对比用铺陈的手法渲染铺展，以一种不容置喙的语势，口若悬河，汩汩滔滔，把高尚与卑劣毫不留情地曝晒在阳光下，然后，一个"已"字，戛然而止，最后归总到"失其本心"，与上段末句的"勿丧"相呼应。

《孟子·告子上》中紧承文本选文还有一段：

孟子曰："仁，人心也；义，人路也。舍其路而弗由，放其心而不知求，哀哉！人有鸡犬放，则知求之；有放心而不知求。学问之道无他，求其放心而已矣。"

笔者以为这一段是对以上论证的哲学归总，提出了解决问题的办法，与以上论证是一个不可割裂的整体。丢弃了鸡犬知道寻找，丧失了仁心却不知寻找，这是人类的悲哀啊。只有"求其放心"，寻找归来的世界，才能做到内圣外王，仁心与义举构成一个和谐完整的生命体。"舍其路而弗由，放其心而不知求，哀哉！"这里的哀叹再次强化了上文的"丧"与"失"的人性悲哀。

全章"舍生取义"是外显的论点，"仁善"本心是内在哲学本源；"舍生取义"的义举源于仁善本心的把持。全章以极具现场感的生与义的论辩最终指向人性善的哲学根本。孟子善辩，文气沛然。《惠子相梁》和《庄子与惠子游于濠梁》，同是极具现场感的阐述哲学思想文章却风格迥异：庄子"以天下为沈浊，不可与庄语"，对世事冷眼旁观；孟子虽被当世认为"迂远而阔于事情"，却以济世之心奔走呼告。

我们可以将《鱼我所欲也》与《庄子与惠子游于濠梁》做一个有趣的比较，从孟子的滔滔雄辩走出，跟随庄子在濠梁之上做哲学漫步感受的是别样智慧的惬意。孟子阐述其"性善论"，道德高标，文气沛然；庄子阐述其"齐物论"悠然自得却不折不扣。诸多解读庄子这篇短文的文章都没意识到庄子与惠子在论辩"鱼之乐"的背后其实是道家与名家哲学本质的交锋，庄子从"鲦鱼出游从容"知"鱼之乐"体现了其天人合一的"齐物论"思想，惠子的"子非鱼，安知鱼之乐"体现了严格逻辑意义的"名实"之别。庄子的"子非我"其实说的是二人哲学思想的本质不同，看待世界的视角不同，而不仅仅是个体生命存在的不同，这是读懂这篇短文的关键。如此一来，惠子"子之不知鱼之乐全矣"的推理逻辑上就不成立了，也就明白了庄子"既已知吾知之而问我"的本义了：明明知道梦蝶庄生的"齐物论"，却有意诘难，这种诘难就脱离了"其本"。末句"我知之濠上也"再次明确了从交谈开始他们就已经各持一端了。各守其本，也就没有了逻辑的统一。这种悠闲却交锋激烈的冷思辨与孟子慷慨激昂的陈词在风格上形成了鲜明的对比，但都在恪守着自己的哲学信念。

（作者：王晨曦、张存平；选自《中学语文教学》2016年第1期）

读写津梁 ✦✦✦✦

时常读读文学经典

从《诗经》到《西游记》《水浒传》《三国演义》和《红楼梦》，数千年来，中国文学经典的艺术魅力历久弥新，并对中华文明的兴盛延续，对国民潜在人格的塑造和价值取向的认同，对增强民族亲和力与凝聚力，意义重大而不可或缺。试想如果没有这些文学经典，人们的精神心灵将是怎样的苍白荒芜啊！雨果说过："试将莎士比亚从英国取走，请看这个国家的光辉一下子就会削弱多少！莎士比亚使英国的容貌变美。"同样，正因为有屈原、李白、杜甫、陆游、李清照、曹雪芹和鲁迅、曹禺、冰心等经典作家，我们的历史文化、国家风貌，才显得更具魅力。中外文明史证明，文学使世界增辉，使心灵灿烂，使社会和谐，使人类进步。而经典作家就是一个民族、一个国家文学的标识，甚而是民族精神的象征。

文明积累是社会发展进步的推动力，文学也是在积累中发展的。两千多年来，在孔子文学观的影响下，从《诗经》到中华人民共和国成立后的文学，形成了一个重道德、重信念、重人格为主调的文学传统，这是中国文学薪火相传的血脉。新时期以来，我国文学空前繁荣，创作出版了一些优秀的作品。从第一届到第六届"茅盾文学奖"获奖作品，从《冬天里的春天》《芙蓉镇》到《长恨歌》《张居正》，可以说集中体现了新时期小说创作的风貌、水平和成果。这些作品发扬了中国文学的优秀传统，开掘了文学的本土资源，弘扬了民族文化，反映了时代风貌，体现出相当程度的文学价值和人文情怀。

但也应该看到，一些很好的作品并没有广泛地进入广大读者的审美视野，远未达到像当年《阿Q正传》《雷雨》

《红岩》等作品那样的艺术反响。这可能是作品本身还缺乏更大的艺术震撼力和思想穿透力外。我觉得，最重要的是如何培育起健康的阅读风气。19世纪美国女作家斯托夫人的小说《汤姆叔叔的小屋》出版以后，"所有的人手里都有这本书，人们贪婪地读着它，并用眼泪浸湿了它"。林肯总统还接见和夸赞了作者。2005年，墨西哥城一个近郊城市的市长，下令警察必须读名著，否则不予升职。这一招还果然见效，警察素养得到提高，犯罪率下降，老百姓欢迎。前一个例子说明，吸引读者还得靠作品的艺术魅力，靠读者自觉自愿；后一个例子说明若措施得力也可奏效。近年来，电视推出"讲坛"，也不失为是一个推广普及经典名著的方法，但可能产生的负面作用是影响认真读原著。电视往往使听众被动地接受讲话和图像，而阅读经典是需要好奇心、求知欲、想象力和再创造精神的。在此背景下，倡导多读文学经典，意义深远。

倡导阅读文学经典可以进一步提升社会的文学意识与人文情怀。高科技需要高情感，经济科学的发展必须伴之以精神文化的和谐发展。钱学森曾多次谈到教育要把科学技术和文学艺术结合起来。爱因斯坦在《悼念玛丽·居里》一文中说："我们不应仅仅满足于回顾她的工作成就,为人类做出的贡献。杰出人物的道德品质可能比纯粹理智的成果对一个时代以及整个历史进程所具有的意义还要大。"这些话值得人们深长思之。

(作者:包明德;选自《中国艺术报》2008年3月11日第2版)

文史广角

春秋无义战

现在我们为了要研究《孟子》这本书,我觉得应该先了解一下孟子当时所处的时代,和当时现实社会的环境,就会觉得并不枯燥,而且对孟子的人品和风格,也更有一层深刻的认识。那么才会知道后世的人,为什么把孟子承继在孔子之后,称他作"亚圣",不是没有道理的。

我们都知道,远距我们现在大约二千五百年前,我们的历史上,出现一个非常紊乱的时代,也可以说是我们历史文化转变的伟大时代。当然,这只是站在我们现在的立场,事不干己,无切肤之痛地加个评论而已。如果我们也生长在那个时代,在那种痛苦悲愤的现实环境里,大概就不会说这是个伟大的时代了。这个时代,也就是有名的春秋战国时期。春秋、战国,这两个名词所包含的时代,都有几百年之久,如果我们用人物作中心代表来讲,孔子是春秋时期,孟子却是到了战国时期了。春秋时期也罢,战国时期也罢,这两个衔接起来有五百多年的时代,却是我们民族最痛苦的阶段,打打杀杀,乱作一团。

可是在后世看来,这个时期,则是百家争鸣,诸子挺秀的时代,也为我们后世子孙奠定了博大精深的文化基础。这深厚的文化,一直流传到现在,也会一直延续到未来。

我们知道,孔子当时亲身经历了痛苦时代的忧患。他在晚年,有系统地整理了中国文化的宝典,删诗书、订礼乐之外,他又集中精力,根据鲁国的历史资料,开始著作了一部最有名的历史和历史哲学的书——《春秋》。

在这部书里,记述了东周以来两百多年的政治、社会、军事、经济、教育等等变乱的前因后果,同时也包含了对于历史人文、文化哲学的指示——如何是应该?如何是不应该?怎样才是正确的善恶?怎样才是正确的是非?

我们先要大概了解一下春秋时代的大题目。那个时代侵略吞并的战争,绵延继续了两百多年,由西周初期所建立的"封建"的文化基础,开始逐渐地被破坏,社会的紊乱、经济的凋敝,所给予人们的痛苦，实在太多。现在我们简单引用董仲舒的话，便可知道那个时代乱源的要点：

> 夫德不足以亲近，而文不足以来远，而断断以战伐为之者，此固《春秋》之所甚疾已，皆非义也。

董仲舒认为，在那个时代，各国诸侯之间的霸业，都不培养道德的政治基础，因此政治道德衰落，国与国之间，人与人之间，谁也不相信谁，彼此不敢轻易亲近，所谓"德不足以亲近"。对于文化的建立，更是漠不关心，只顾现实，而无高远的见地。国与国之间，没有像周朝初期那样远道来归的国际道德关系，所以说："文不足以来远。"因此只有用战争来侵略别人。但是他们每次在侵略的战争上，却加上冠冕堂皇的理由，不说自己要侵略别人，而是找些借口来发动战争，这就是"断断以战伐为之者"。这便是孔子著《春秋》的动机和目的，也是孔子著《春秋》最痛心疾首的中心重点，"此固春秋之所甚疾已，皆非义也"。他说，春秋时代几百年的战争，都是没有道理的。所以也有人说，春秋无义战。

但《春秋》这部书并不是非战论，它特别强调中国文化的战争哲学是为正义而战，所谓"恶诈击而善偏战，耻伐丧而荣复仇"。例如在春秋二百多年之间，大小战争不计其数，只有两次是为复国复仇的战争，那是无可厚非，不能说是不对的。所以他说：

> 今（指春秋时代）天下之大，三百年之久，战攻侵伐不可胜数，而复仇者有二焉。

关于历史文化的破坏，政治道德的没落，则更严重。在春秋二百四十二年间，"弑君三十六，亡国五十二"。人伦文化的道德基础，几乎都被那些有霸权的上层领导分子破坏完了。为什么那个时代会造成这样的紊乱？

以孔子的论断，都是根源于文化思想的衰落，人们眼光的短视，重视现实而忽略了文化发展中的因果。所以孔子在《易经·坤卦》的文言中便说："臣弑其君，子弑其父，非一朝一夕之故，其所由来者渐矣！"后来的董仲舒，发挥了孔子的思想，便说："细恶不绝之所致也。"所谓细恶，便是指社会人士缺乏远大的眼光，对于平常的小小坏事，马虎一点由他去，久而久之，便造成一个时代的大紊乱了。

我们现在不是讲《春秋》，而是介绍孟子所处的时代背景，追溯它的远因，顺便提到《春秋》。继春秋时代吞并侵略的紊乱变局，又延续了两三百年，便是我们历史上所谓的战国时期。紊乱的情形，比春秋时代有过之而无不及。各个强国的诸侯重现实，社会的风气更重现实，苦只苦了一般的老百姓。

在那样现实的时代环境中，孟子始终为人伦正义，为传统文化的道德政治，奔走呼号，绝对不受时代环境的影响，而有丝毫转变。所以，他所继承孔子的传统精神，以及中国文化道德政治的哲学观念，和孔子的文化思想一样，也成为由古到今，甚至将来的颠扑不破的真理。为什么他会有这样远大的影响？这正是我们研究探讨的主题之一。

（作者：南怀瑾）

趣味语文

酒楼赌唱

唐玄宗开元年间，诗人王昌龄、高适、王之涣齐名，无奈他们命运都不太顺畅，仕途艰难，而生活的经历又颇多相似之处。

有一天，冷风飕飕，微雪飘飘。三位诗人一起到酒楼去，置酒小饮。忽然有梨园掌管乐曲的官员率十余子弟登楼宴饮。三位诗人回避，躲在黑暗的角落里，围着小火炉，且看她们表演节目。一会儿又有四位漂亮而妖媚的梨园女子，珠裹玉饰，摇曳生姿，登上楼来。随即乐曲奏起，演奏的都是当时有名的曲子。王昌龄等私下相约定："我们三个在诗坛上都算是有名的人物了，可是一直未能分个高低。今天算是有个机会，可以悄悄地听这些歌女们唱歌，谁的诗入歌词多，谁就最优秀。"

一位歌女首先唱道："寒雨连江夜入吴，平明送客楚山孤。洛阳亲友如相问，一片冰心在玉壶。"王昌龄就用手指在墙壁上画一道："我一首。"随后一歌女唱道："开箧泪沾臆，见君前日书。夜台今寂寞，犹是子云居。"高适伸手画壁："我一首。"又一歌女出场："奉帚平明金殿开，暂将团扇共裴回。玉颜不及寒鸦色，犹带昭阳日影来。"王昌龄又伸手画壁，说道："我两首。"

王之涣自以为出名很久，可是歌女们竟然没有唱他的诗作，面子上似乎有点下不来，就对王、高二位说："这几个唱曲的，都是不出名的丫头片子，所唱不过是'巴人下里'之类不入流的歌曲，那'阳春白雪'之类的高雅之曲，哪是她们唱得了的呢！"于是用手指着几位歌女中最漂亮、最出色的一个说："到这个小妮子唱的时候，如果不是我的诗，我这辈子就不和你们争高下了；果然是唱我的诗的话，二位就拜倒于座前，尊我为师好了。"三位诗人说笑着等待着。

一会儿，轮到那个梳着双鬟的最漂

亮的姑娘唱了，她唱道："黄河远上白云间，一片孤城万仞山。羌笛何须怨杨柳，春风不度玉门关。"王之涣得意至极，揶揄王昌龄和高适说："怎么样，我说的没错吧！"三位诗人开怀大笑。

那些歌手们听到笑声，不知道发生了什么事情，纷纷走了过来："请问几位大人，在笑什么？"王昌龄就把比诗的缘由告诉她们。歌女们施礼下拜："请原谅我们俗眼不识神仙，恭请诸位大人赴宴。"三位诗人应了她们的邀请，欢宴一天。

四 生命之光

美国作家欧·亨利在他的小说《最后一片叶子》中讲了个故事：病房里，一个生命垂危的病人从房间里看见窗外的一棵树，上面的叶子在秋风中一片片地掉落下来。病人望着眼前的萧萧落叶，身体也随之每况愈下，一天不如一天。她说："当树叶全部掉光时，我也就要死了。"一位老画家得知后，用彩笔画了一片叶脉青翠的树叶挂在树枝上。最后一片叶子始终没掉下来。只因为生命中的这片绿，病人竟奇迹般地活了下来。

原来无论何种境地，希望最有力量。

在人生的漫漫长河中，不仅仅是时光的静静流逝，还有迂回、翻转，但当此时我们该如何？

你知道一粒种子的力量吗？它们在没有阳光没有泥土的砖缝里依然可以不屈地向上，茁壮成长。你知道陡峭的悬崖石缝里的青松依然可以傲风霜、斗严寒，四季常青吗？你见过扑火的飞蛾那燃烧的绚丽吗？那是对光明的追逐，生命永恒的礼赞呀！

跟我来吧，一起去了解身边那些平常又不平凡的生命，一起去聆听人生的回响，一起去寻找浮华退却后，生命最本真的绝唱。

主题阅读

敬畏生命

那是一个夏天的长得不能再长的下午，在印第安纳州的一个湖边。我起先是不经意地坐着看书，忽然发现湖边有几棵树正在飘散一些白色的纤维。大团大团的，像棉花似的，有些飘在草地上，有些飘入湖水里。我当时没有十分注意，只当是偶然风起所带来的。

可是，渐渐地，我发现情况简直令人吃惊。好几个小时过去了，那些树仍旧浑然不觉地在飘送那些小型的云朵，倒好像是一座无限的云库似的。整个下午，整个晚上，漫天都是那种东西。第二天的情形完全一样，我感到诧异和震撼。

其实小学的时候就知道有一类种子是靠风力吹动纤维播送的。但也只是知道一道测验题的答案而已。那几天真的看到了,满心所感到的是一种折服,一种无以名之的敬畏。我几乎是第一次遇见生命——虽然是植物的。

我感到那云状的种子在我心底强烈地碰撞上什么东西。我不能不被生命豪华的、奢侈的、不计成本的投资所感动。也许,在不分昼夜地飘散之余,只有一颗种子足以成荫,但造物主乐于做这样惊心动魄的壮举。

我至今仍然在沉思之际想起那一片柔媚的湖水,不知湖畔那群种子中有哪一颗成了小树。至少,我知道,有一颗已经成长。那颗种子曾遇见了一片土地,在一个过客的心之峡谷里蔚然成荫,教会她怎样敬畏生命。

(作者:张晓风;选自《精美散文·哲理·文化卷》)

赏析

植物凭借风传递种子而得以延续生命、繁殖生命本是一件再自然普通不过的事了,但作者却从那接连不断飘送的"白色的纤维"中深深洞觉出这些小生命的百折不挠、顽强不屈的韧性和强旺的活力。文章很短,只有几百字;意蕴很长,它让我们看到世界在我们面前呈现出的无限生机,让我们感受到生命的高贵与美丽。每个字都是飘洒在我们心中的种子,我想一定有一颗已经在"心之峡谷里蔚然成荫悄悄地成长",并且教会你我该怎样敬畏生命了。

窗前的树

我家窗前有一棵树,那是一棵高大的洋槐。

洋槐在春天,似乎比其他的树都沉稳些。杨与柳都已翠叶青青,它才爆发出米粒大的嫩芽:只星星点点的一层隐绿,悄悄然绝不喧哗。又过了些日子,忽然就挂满了一串串葡萄似的花苞,又如一只只浅绿色的蜻蜓缀满树枝——当它张开翅膀跃跃欲飞时,薄薄的羽翼在春日温和的云朵下染织成一片耀眼的银色。那个清晨你会被一阵来自梦中的花香唤醒,那香味甘甜淡雅、撩人心脾,却又若有若无。你寻着这馥郁走上阳台,你的身子为之一震,你的眼前为之一亮,顿时整个世界都因此灿烂而壮丽:满满的一树雪白,袅袅低垂,如瀑

洋　槐

布倾泻四溅。银珠般的花瓣在清风中微微飘荡,花气熏人,人也陶醉。

便设法用手勾一串鲜嫩的槐花,一小朵一小朵地放进嘴里,如一个圣洁的吻,甜津津、凉丝丝的。轻轻地咽下,心也香了。

槐花开过,才知春是真的来了。铺在桌上的稿纸,便也文思灵动起来。那时的文字,就有了些轻松。

夏的洋槐,巍巍然郁郁葱葱,一派的生机勃发。夏日常有雨,暴雨如注时,偏爱久久站在窗前看我的槐树——它任凭狂风将树冠刮得东歪西倒,满树的绿叶呼号犹如一头发怒的雄狮,它翻滚,它旋转,它战栗,它呻吟。曾有好几次我以为它会被风暴折断,闪电与雷鸣照亮黑暗的瞬间,我窥见它的树干却始终岿然。大雨过后,它轻轻抖落树身的水珠,那一片片细碎光滑的叶子被雨水洗得发亮,饱含着水分,安详而平静。

那个时刻我便为它幽幽地滋生出一种感动。自己的心似乎变得干净而澄明。雨后清新的湿气萦绕书桌徘徊不去,我想这书桌会不会是用洋槐树木做成的呢?否则为何它负载着沉重的思维却依然结实有力。

洋槐伴我一春一夏的绿色,到秋天,艳阳在树顶涂出一抹金黄,不几日,窗前已是装点得金碧辉煌。秋风乍起,金色的槐树叶如雨纷纷飘落,我的思路便常常被树叶的沙沙声打断。我明白那是一种告别的方式。它们从不缠缠绵绵凄凄切切,它们只是痛痛快快利利索索地向我挥挥手连头也不回。它们离开了槐树就好比清除了衰老,抛去了陈旧,是一个必然,一种整合,一次更新。它们一日日稀疏凋零,安然地沉入泥土,把自己还原给自己。他们需要休养生息,一如我需要忘却所有的陈词滥调而寻找新的开始。所以凝望一棵斑驳而残缺的树,我并不怎样的觉得感伤和悲凉——我知道它们明年还会再来。

冬天的洋槐便静静地沉默。它赤裸着全身一无遮挡,向我展示它的挺拔与骄傲。或许没人理会过它的存在,它活得孤独,却也活得自信,活得潇洒。寒流摇撼它时,它黑色的枝条俨然如乐队指挥庄严的手臂,指挥着风的合奏。树叶落尽以后,树杈间露出一只褐色的鸟窝,肥硕的喜鹊啄着树权喳喳欢叫,几只麻雀飞来飞去飞到阳台上寻食,偶尔还有乌鸦的黑影匆匆掠过,时喜时悲地营造出一派生命的气氛,使我常常猜测着鸟们的语言,也许是在提醒着我什么。雪后的槐树一身素裹银光璀璨,在阳光还未及融化它时,真不知是雪如槐花,还是槐花如雪。

年复一年，我已同我的洋槐过了六个春秋。在我的一生中，我与槐树无言相对的时间将超过所有的人，这段漫长又真实的日子，槐树与我无声的对话，便构成一种神秘的默契。

（作者：张抗抗。有删节）

赏析

人生就像一场旅行，既短暂，又漫长。一个人的旅程会很孤单，一个人的风景也很单调。寂寞的路上，我们需要同行者。一个人也好，一幅景也好，只要走进我们的内心，跟我们的心灵契合，它那便是灵魂的归宿与港湾。就像那棵树，那颗春天鲜嫩、夏天勃发、秋天唯美、冬天洒脱的洋槐树，便是张抗抗心灵的归栖，精神的永恒。

含蓄和无言之美（节选）
——读朱光潜先生《无言之美》札记

六十年前，朱光潜先生写过一篇著名的美学论文《无言之美》，它是这位当代著名美学家的第一篇美学著作。虽时隔多年，今天读来，仍能给人很多启示。怎样理解"无言之美"？怎样理解古人说的"不著一字，尽得风流"？对写作的表现手法，有何启发？这是一个值得研究和探讨的问题。

文章一开始就引孔子的话说，"予欲无言"。子贡问他："子如不言，则小子何述焉？"他回答说："天何言哉？四时行焉，百物生焉。天何言哉？"所谓无言，并非就是一语不发，孔子还是说了话了。他说的意思是主张"无言而教"，看起来无言，实际是"寓言教于身教"之中。虽讲的是教育，这道理却可以引申到文学创作、艺术创作以及其他的写作当中。文学上的无言之美，在音乐上则表现为无声之美，对于音乐上的这种无声之美，我们又常常借助于文学来描绘它，表现它。所以，我们先从无声之美说起。

"冰泉冷涩弦凝绝，凝绝不通声暂歇。别有幽愁暗恨生，此时无声胜有声。"这是一千多年来脍炙人口的白乐天《琵琶行》里的名句。它告诉我们"无声"可以是很美的境界，甚至可以胜过有声。但是并非"无声"在任何情况下都胜过"有声"，而只是在"此时"，在一定的环境、条件之下，"无声"才可以胜过"有声"。请看原诗：从"转轴拨弦三两声，未成曲调先有情"开始，把我们引入了一个宁静、舒缓、缠绵、幽雅的环境，接着"低眉信手续续弹，说尽心中无限事"，我们渐渐跟着作者进入了一个思绪辗转、心潮起伏、充满感情激荡的艺术境界。"轻拢慢捻抹复挑,初为霓裳后六幺。大弦嘈嘈如急雨,小弦切切如私语。嘈嘈切切错杂弹,大珠小珠落玉盘。"诗人通过直接描绘和间接比喻的手法,用大量的笔墨描述琵琶的优美曲调和声音,激发读者的联想,写的都是"有声",而且对这种音乐声响及其造成的艺术效果,做了充分的渲染,然后才笔锋一转,"冰泉冷涩弦凝绝,凝绝不通声暂歇",到这时,也只有在这时,在许多"有声"之后,才"别有幽愁暗恨生,此时无声胜有声"。可见并非任何时候都是无声胜有声的。作者用许多语言形容和描绘"有声",而仅仅用一句话带出了"无声"。它说明"无声"是在"有声"的基础上的,并非无声的寂静就是最美的境界,并非寂静胜过一切。我们欣赏音乐时,无论是由雄壮急促而变到低沉缓慢以至逐渐趋于沉寂,还是高亢洪亮的乐曲演奏突然中止或者结束,一时万籁俱寂,都会把我们引入一个无声的美妙的艺术境界,会觉得"此时无声胜有声"。但是,这种境界都是由前面的演奏所造成的,是有声的音乐效果的延续,是人们的情感还沉浸在有声的音乐所造成的艺术境界的表现。它先把人引入一种如醉如痴的迷狂状态,这时音乐无论突然停止还是逐渐停止,但余音都在缭绕,音乐联想并没有停止。我们有时仿佛觉得它比有声更美,殊不知离了有声,也就没有无声的美了。

在日常生活里,我们也时常可以感受到这种无声的美。它往往是由强烈的对比造成的。比如我们在嘈杂的城市里,一到深夜,你会感到一种宁静、安谧的美。从一个喧嚣的城市,来到寂静的大戈壁上,也会感到这种大自然的无声的美。但如果你成年累月都生活在无一点声音,无一点生气的戈壁滩上,你又会感到一种单调、死寂的压抑,并不是一种美的境界了。这时如果突然听到一阵雁叫,或者一匹野马驰过,打破这四周的沉寂,你一定会感到有声的美,声音带来的充满生机的大自然的美了。

对于这种境界,文学应如何表现?王维《皇甫岳云溪杂题五首·鸟鸣涧》诗云:"人闲桂花落,夜静春山空。月出惊山鸟,时鸣春涧中。"寂静的山涧里,传来三两声鸟鸣。正是这几声鸟鸣,更显出山林的寂静。同时又表现了大自然的生机,它不是死寂,而是优美的宁静。这里有声就胜于无声。这种写法就是深得对比的奥妙。还有我们熟悉的"推敲"的著名典故,寒山寺的夜半钟声,都巧妙地运用了有声和无声的对比，打破了绝对的沉寂，才显出了深夜宁静的美。所以我们在表现无声的美时，总是离不开对有声的描绘，离开了"有声"，便显不出"无声的美"。

朱光潜先生的《无言之美》里，在谈到无声胜有声时，曾经引用了英国著名诗人溪兹（济慈）《希腊花瓶歌》中的诗句："听得见的声调固然优美，听不见的声调尤其幽美。"这"听不见的"仍须以"听得见的"为前提，要由听得见的来给我们以暗示，否则，孤立地、绝对地去解释，就会如观赏"皇帝的新衣"一样令人啼笑皆非。鲁迅曾经写过一首诗："万家墨面没蒿莱，敢有歌吟动地哀。心事浩茫连广宇，于无声处听惊雷。"写的是黎明前的黑暗，破晓前的沉寂，它既是恐怖、凄厉的无声的境界，同时作为革命家的鲁迅，却"于无声处"听到了惊雷。他听到了破晓前的鸡鸣，充满了对未来的期待，对理想的信念。经过诗人的描绘，从中我们可以感受到一种无声的美的艺术境界。因为这期待着的仍是黎明时那百鸟歌唱，万物苏醒的有声的欢乐。所以无声的美总是离不开有声的。它是作为有声的继续、补充和对比而存在，是由有声造成的一种艺术境界。

（作者：毛微昭）

读写津梁

反弹琵琶 以虚比实
——关于散文的自白之二

比喻的运用是为了让读者对说明的对象有一个更明确、具体的理解。所以常常是以近比远，以具体比抽象。说到水势之大，如万马奔腾；说到林带之密就像一堵绿墙；说到人外形之壮，似虎背熊腰；说到人内心的复杂，就如同打翻了五味罐等等。文学艺术是形象的艺术，你总要给人一种形象才能加深读者的理解。但是读者从文中了解到的不只是某事物具体的形态、而这种意境和韵味的效果都是通过对具体的景、事、物、人的描写来得到的。就是说作者要将生米饭做成有香味的熟饭；将各色颜料溶成一幅有思想的图画。这是一个质的飞跃。在这个飞跃过程中，作者将具体的景、事、物、人变成了抽象的情、神、理。所以这时若以具体物来比作具体物，只能原地踏步而达不到飞跃。

我注意到在一些名家的好散文中，有时大胆地以虚比实，反过来用抽象的事物来比具体的事物，文章便顿生光辉。日本人高山樗牛写过一篇《月夜的美感》对颜色精彩的比喻："赤如大鼓之响，青如横笛之音；赤如燃着情欲的男子，青如沉在静思的女子；赤入傲夏的牡丹，青如耐冬的水仙。"对夜晚和白昼的不同则更绝："夜的世界非男子，是女子；非散文，是诗歌；非哲学，是宗教；非大鼓之响，是横笛之音。"读了这段文字，我们明白的不仅是青与赤的色相之别，更明白了它们所提示的气质、精神与风格；不仅是夜与昼的黑白之分，更领悟到了它们所象征的哲理与意境。朱自清在他的名篇《荷塘月色》中，把月光中的荷花比作"笼着轻纱的梦"；把月光下的树景比作名曲；而"树缝里也漏着一两点路灯光，没精打采的，似瞌睡人的眼"。他在《绿》中这样写绿色的潭水："她轻轻地摆弄着，像跳动的初恋的处女的心；……那样嫩，令人想着所曾触过的最嫩的皮肤。"梦、瞌睡、初恋的心情，对嫩皮肤的触觉这是多么虚，多么抽象的东西，但作者偏用这来比花、灯光、水等实在之物。以虚比实并不是为摹物的形，而是为了传它的神。物本身哪里有什么神，其实是为了传人倾注于物的情，或因物而领悟的理。自然界里物的存在是客观、静止、实在的，而人的思维是主观、运动、抽象的。同一件物因作者不同的知识、修养、情绪、志向等可以有不同的理解和描述。不同的人可以按照不同的理解来揭示这种主客观之间的相似点，从而将他自己的全部知识、才华、思想，借比喻这个渡口摆渡给读者。

（作者：梁衡；选自《语文世界》1997 年第 2 期）

怎样写好读书笔记

读书笔记是我们阅读时的重要辅助手段，无论是在理论的研究上，还是在实践的运用中，都证明了阅读时做笔记要比不做效果好得多。读书笔记是科学读书的一个重要组成部分。所以，读书时要善于做读书笔记。

一、什么叫读书笔记？

读书笔记，是指我们在阅读各类书籍报刊时，把读到的某书、某文的精华部分和段落、重要情节、精辟见解、观点材料、警句词语等进行勾画，摘录要点，或拟提纲，或写出自己的收获体会、感想、质疑等。

二、为什么做读书笔记？

古今中外的学者名人，历来都重视读书笔记。有人曾做了个生动的比喻：读书不注意做笔记，犹如入宝山而空手归。前人的经验告诉我们：人的大脑，犹如知识的仓库，善于做读书笔记的人，他的知识经过整理消化，能有条理地储蓄起来，日积月累头脑里就有了随时可以支取的知识财富。而且随着知识的增长，智力也在发展，于是写文章、分析事理的能力也就在无形中增强了。

许多学业有成的人，都曾在这方面付出过艰辛的努力。革命前辈徐特立少年时期只上过 6 年私塾，后来在长沙仅读了 4 个月的师范学校。他渊博的知识完全是靠刻苦自学得来的。他从 19 岁到 43 岁的漫长岁月中，每天晚上必定要读 3 个小时书，结果成了博学的教育家。徐老有一个重要的学习经验：不动笔墨不读书。他告诫学生：读书不要贪多图快，要仔细研读。还说：买书不如借书，借书不如抄书，全抄不如摘抄。可见他是非常重视写读书笔记的。

三、做读书笔记遵循的原则

读书笔记形式多种多样的，每种都有它自己的特点，但也有它必须遵守的共同的原则，这些原则也是对读书笔记的总的要求。

1. 持之以恒，养成习惯

坚持做读书笔记，并持之以恒，养成习惯，必须克服怕苦怕累的思想。不能凭兴趣出发，高兴就写，不高兴就不写。

2. 格式明确，符号统一

目前来说，读书笔记的方法没有一个固定的程式，可以由读者自己来规定，但必须做到格式明确，符号统一。

3. 先要理解内容，再做读书笔记

在写读书笔记之前，先要对读物的内容有真正的理解，心中明确哪些该记，哪些不该记，哪些应该是详记，哪些需要简单记。这样进行选择后，记录的就应该是原文中的精华部分和关键问题。总之，做读书笔记，先要理解内容，再写读书笔记。

4. 要求简明

做读书笔记要求简明扼要，抓住问题，无关紧要的词句省略掉，便于日后的使用。

5. 要分类

读书笔记的分类，就是将读书笔记分门别类地组织起来，把相同的集中在一处，把不同的区分开来。

6. 做笔记要便于自己阅读

做笔记要便于自己阅读，就是说，可以使用一些缩写体。但要注意使用的缩写体必须是那些自己相当熟悉的。这样做的笔记即字迹清楚，又相当完整。

7. 经常复习笔记

通过经常复习笔记可以不断理解、消化所读到的知识，提高阅读水平。

文史广角

论散文的起源

散文是诸文体中一个世系庞大的家族,其源远流长的历史和盘根错节的走向,呈现出一种立体式的多层面、多元化的状态,因而不可能用一元化的单向思维去审视它的肇始与演化,而必须从历史的多元化的视角地去反观和探寻它起源的本相,并对其家族中的成员进行梳理,使之系列化,从而找出哪些成员最早出现在人类信息交流的舞台上。

如果对散文这一概念的形成与嬗演做一番逆向回溯,会发现散文这个概念交织着悠久的历史渊源和极其丰富的文化内涵。严格地说,散文是一个文类,是无韵文体的总称。

先秦时期把这些无韵的散行文体称为"言"或"辞"。"有德者必有言,有言者不必有德""太上有立德,其次有立功,其次有立言",子曰:"辞达而已矣。"这里的"言"和"辞"都是"言辞"之意,即今之所谓著作之文。两汉时把这种散行文体称之为"文"。司马迁曰:"乃如左丘明无目,孙子断足,终不可用,退论书策以舒其愤,思垂空文以自见。"这里的"文"就是著作之文。

魏文帝曹丕始将著作之文称为"文章"。他说:"盖文章经国之大业,不朽之盛事。""文章"一词尽管始见于《诗经·大雅·荡序》:"厉王无道,天下荡荡,无纲纪文章。"又见于《论语·泰伯》:"巍巍乎!其有成功也!焕乎!其有文章!"但并非今之所谓"文章",而是礼乐法度、礼仪制度之意。曹丕所说的文章,与今之所谓文章意义基本相同,却包括词赋。魏晋南北朝时,又出现与"文章"含义相同的"文笔"一说。《晋书·蔡谟传》云:"文笔论议,有集行于世。"南朝的颜延之又把"文笔"一分为二。他把无韵之文称之"笔"(繁体笔字从聿。聿者,直达之意),有韵之文谓之"文",使散文与韵文对举,形成散文含义的第一个层面。颜延之又把"笔"分为"言"和"笔",圣人经典谓之"言",传记类谓之"笔",从而把议论散文与叙事散文区分开来。"文"与"笔"的区分是文学创作日益繁荣,人们辨析文体日益精密而产生的结果。对此,有人赞成,有人反对,刘勰就持反对意见。唐代韩愈说:"愈之为古文,岂独取其句读,不类于今者耶?思古人而不得见,学古道则欲兼通其辞;通其辞者,本志乎古道者也。"他为了推行古道,反对六朝以来风靡已久的骈体文,掀起一场复古运动,亦称古文运动。他把自己写的那种继承先秦两汉文风的文章称之为"古文",与六朝以来的骈体文相对举,于是形成散文含义的第二个层面。

"散文"这个概念的形成始于南宋。陈柱说:"骈文散文两名,至清而始盛,近年尤甚。求之于古,则唯宋罗大经《鹤林玉露》,引周益公'四六特拘对耳,其立意措辞,贵于浑融有味,与散文同。自此以前则未之见也'。"周益公即周必大,南宋人。他虽然提出"散文"这个概念,并非因为在南宋时出现了一种新的文体,他以散文名之。"散文"的提出,既非诗文革新运动的产物,也没有引发一场文学革命,只是把"古文"这个概念换了个说法。究其古文和周必大提出的散文,没有质上的差异。尽管如此,始创之功不可磨灭。

元、明、清以降,戏剧小说的创作日渐繁荣。近代以来遂将散文与诗歌、小说、戏剧并称文学作品的四大门类,散文亦获得第三层面的含义。此时的散文已失去昔日的显赫。尽管如此,它所涵盖的文体仍很多,不仅包括狭义散文,还包括报告文学、速写、史传、杂文、随笔等,故而又称之为广义散文。

狭义散文又称文学散文、美文,地位更下。散文源远流长的发展历史,交织着每个时代的创造、继承与演化,既包容了各个时期不同的内容,又涵盖了不同的文体。与其说散文的地位江河日下,不如说她的面目愈加清晰、明丽。

(作者:成宗田。有删节)

趣味语文

绕着弯子的比喻
——曲喻妙谈

绕着弯子的比喻,就是曲喻。即从第一个喻体与本体相似的一面,通过联想转移到第二个喻体上去,从而使与本体原不相似的第二个喻体与本体产生比喻关系。由此我们便可以看出曲喻的一大特点,那就是两物相比,它不是直接设喻,而是绕着弯子隐晦曲折地进行比喻。其修辞效果在于含蓄生动,意在言外,启发联想,耐人寻味。钱钟书就曾言"曲喻"之美:"着墨无多,神韵特远。"

我国古诗词中运用曲喻的例子很多。唐代贺知章《咏柳》:"碧玉妆成一树高,万条垂下绿丝绦。不知细叶谁裁出?二月春风似剪刀。"由绿丝绦而想到裁剪,又由裁剪而想到剪刀,转一个弯子，别具匠心，得出"二月春风似剪刀"这千古名句。我们仿佛看见春风像垂发飘拂的妙龄女子，正在柳丛中舞动剪刀，轻巧地剪出一条条青绿色丝带，那姿态是何等美丽动人，真是绘形于纸上，传神在眼前。读后不仅真切地感受到春天的来临，诗人那敏感的心灵，仿佛也和我们十分贴近。

又如李商隐《天涯》："莺啼如有泪，为湿最高花。"把莺的啼叫转为啼哭，由啼哭引出眼泪，进而联想到沾湿最高的花。用曲喻手法，哀楚动人。莺歌燕语，本是娓娓动听的，由于诗人心境孤凄，乐景写哀，移情及物，使黄莺感伤悲啼而垂泪。而泪水所湿之花，自然也泪痕斑斑，凄然欲绝。由人啼有泪，推及"莺啼有泪"，泪如雨露，"为湿最高花"，从而表现出愈加悲苦的心情。层层转折，曲尽其妙。

李贺也是运用曲喻的高手。他的《天上谣》中的"银浦流云学水声"，将云比水，取其相同的流动状态，则云移如水流，也会像水流发出声音；又如《秦王饮酒》中的"羲和敲日玻璃声"，将太阳比玻璃，取其相同的一端，皆明亮有光，玻璃敲之有声，则"羲和敲日"也会发声；还如《自昌谷到洛后门》的"石涧冻波声"，将涧比波，取其同于水，而水冻坚锐有声，则波亦有声。古人说李贺"好奇无理"，实正是曲喻妙处所在。

另外，现代作品中曲喻的运用亦不少见。如鲁迅《阿Q正传》："谁知道阿Q采用怒目主义之后，未庄的闲人们便愈喜欢玩笑他。一见面，他们便假作吃惊地说：'哈，亮起来了。'阿Q照例地发了怒，他怒目而视了。'原来有保险灯在这里！'他们并不怕。"阿Q头上的"癞疮疤"是光滑的，由光滑的"光"转为光亮的"光"，再由光亮的"光"转为发光的保险灯。鲁迅先生利用"亮"这一中介，通过联想，巧妙地将本体"癞疮疤"比作了"保险灯"，形象生动又富有新意。

五　粉墨人生

著名戏剧家萧伯纳曾应邀到俄国访问。一天闲暇时他在莫斯科街头漫步，遇到了一位可爱的小女孩，一时兴起，便高兴地与她玩起游戏。

这一老一少玩得十分高兴，到了分手的时候，萧伯纳得意地对小女孩说："回去告诉你妈妈，今天跟你玩游戏的可是鼎鼎大名的萧伯纳。"

谁知小女孩望了萧伯纳一眼，学着他的口气，骄傲地说："你也回去告诉你妈妈，今天跟你玩游戏的是小女孩安妮。"

小女孩的回答使萧伯纳大吃一惊，他立刻意识到自己的傲慢。事后，他感慨万分地对朋友说："一个人不论有多大的成就，对任何人都应该平等相待，常常保持谦虚的态度。这个小女孩给我的教训，是我一辈子也无法忘记的！"

戏剧如人生，人生是戏剧，戏剧是一种综合舞台表演艺术。中国戏剧，生旦净丑，世间百态；唱念做打，精彩人生。或阅读剧本，或观赏表演，都会让我们见识人生百态，获得审美愉悦、陶冶情操，也能感受中国传统文化的博大精深。

主题阅读

陈毅市长（节选）

第五场

1949年冬的一天深夜。

化学家齐仰之的家。

在急促的电话铃声中启幕。这是一间简陋破旧的卧室兼书房。地板残缺不全，屋角结着蜘蛛网，书桌上堆满书籍和化学仪器。一张单人床，卧具凌乱不堪。墙上除贴着一些化学图表外，还贴着一张醒目的条幅，上书："闲谈不得超过3分钟。本室主人敬白。"

电话铃声继续在响着，但齐仰之充耳不闻，一边翻书，一边在做试验。电话铃声停止。过了一会儿电话铃又响了起来。齐仰之大皱眉头，拿起话筒。

齐仰之　（极不耐烦地）谁……你不知道我在工作吗？……知道！知道干嘛还来打扰我！朋友？我工作的时候只有元素、分子量、化合、分解是我的朋友……好，你说吧……不，我早就声明过，政治是与我绝缘的，我也不会溶解在政治里……我是个化学家，干嘛要去参加政府召开的会议……不去不去……什么？陈市长亲自下的请帖？哪个陈市长……他是何许人？不认识……对，不认识……不论谁，就是孙中山的请帖我也不去……对你算客气的了！要不是老朋友，我早就把电话挂了……不不不，你别来，你来了也没有用！最近半年我要写书，谁来我也不接待……好了，闲谈不得超过3分钟，时间到了！（齐仰之不由分说地将电话挂上，然后坐下继续工作）

（少顷，陈毅上，按门口的电铃。）

齐仰之 （烦躁地）谁？

陈　毅 我！

齐仰之 （走过去开门）你找谁？

陈　毅 请问，这是齐仰之先生的府上吗？

齐仰之 你是谁？

陈　毅 姓陈名毅。

齐仰之 （打量陈毅）陈毅？不认识，恕不接待！（"乒"的一声将门关上，又回到桌边埋头工作）

陈　毅 （一惊）吃了个闭门羹！（想再敲门，又止住，思索）这可咋个办？真是个怪人！（转身欲走，又停了下来）我就不相信，偌大一个上海我都进得来，这小小一扇门我就进不去！

（再次按门口小电铃）

（齐仰之只是将头偏了偏。陈毅继续敲门。齐仰之欲发作，气冲冲去开门。）

齐仰之 又是你？！

陈　毅 对头！

齐仰之 你！你究竟是干什么的？

陈　毅 你要问我是干什么的，我倒是个干大事的！鄙人是上海市的市长！

齐仰之 （一惊）什么！你就是电话里说的那个陈市长？！

陈　毅 正是在下。

齐仰之 那……半夜三更来找我有何贵干？

陈　毅 无事不登三宝殿嘛！

齐仰之 可我……我在工作。

陈　毅 我专程来拜访齐先生，也是为了工作。

齐仰之 （为难地）好吧。不过，我只有3分钟的空闲。

陈　毅 3分钟？

齐仰之 对！

陈　毅 可以，决不多加打扰。

齐仰之 请！（齐仰之请陈毅进屋。）

陈　毅 （打量房间）齐先生住在此地？

齐仰之 对，好多年了。

陈　毅 我倒想起了刘禹锡的《陋室铭》："山不在高，有仙则名；水不在深，有龙则灵。斯是陋室，惟吾德馨。"

齐仰之 （高兴地）不不，过奖了，过奖了！

陈　毅 不过刘禹锡的陋室是"苔痕上阶绿，草色入帘青"。齐先生的这间陋室嘛，则是"苔痕上墙绿，草色室中青"。

齐仰之 （笑）陈市长真是善于笑谈。

陈　毅 （看到墙上贴的条幅，念）"闲谈不得超过3分钟"？！

齐仰之 （看表）有何见教，请说吧！

陈　毅 （也看表）真的只许3分钟？

齐仰之 从不例外！

陈　毅 可我做报告，一讲就是几个钟头。

齐仰之 （看表）还有两分半钟了！

陈　毅 好好好！这次趋访贵宅，一是为了向齐先生致以问候，二是为了谈谈本市长对齐先生的一点不成熟的看法。

齐仰之 哦？敬听高论！

陈　毅 我以为，齐先生虽是海内闻名的化学专家，可是对有一门化学，齐先生好像一窍不通！

齐仰之 什么？我齐仰之研究化学四十余年，虽然生性驽钝，建树不多，但举凡是化学，不才总还略有所知。

陈　毅 不，齐先生对有门化学确实无知！

齐仰之 （不悦）我倒要请教，敢问是哪门化学？是否无机化学？

陈　毅 不是！

齐仰之 有机化学？

陈　毅 非也！

齐仰之 生物化学？

陈　毅 亦不是！

齐仰之 医药化学？

陈　毅 更不是！

齐仰之 这就怪了，那我的无知究竟何在？

陈　毅 齐先生想知道？

齐仰之 亟盼赐教。

陈　毅 （看表）哎呀呀，3分钟已到，改日再来奉告！

齐仰之 话没说完，怎么就走？

陈　毅 闲谈不得超过3分钟嘛！

齐仰之 这……可以延长片刻。

陈　毅 说来话长，片刻之间，难以尽意，还是改日再来，改日再来。（站起，假意要走，齐仰之拦住。）

齐仰之　不不不，那就请陈市长尽情尽意言之，不受3分钟之限。

陈　毅　要不得，要不得，齐先生是从不破例的！

齐仰之　今日可以破此一例！

陈　毅　真的？

齐仰之　学者以无知为最大耻辱，我一定要问个明白。（请陈毅坐下）

（作者：沙叶新；选文有改动）

剧本在取材和主题方面，有着新的开拓，刻意表现陈毅同志的"下马治民"，写活了他作为"人民公仆"的精神，丰富了无产阶级革命家的艺术形象，集中表现了陈毅在一个伟大的历史转变时刻所显示的对未来形势的清醒估量和立志改造旧世界的非凡胆略。此外，作者又努力把陈毅同志写成一个平易近人的普通人，不回避他的喜怒哀乐的感情和风趣幽默的个性。

五朵金花（节选）

一间建筑简陋的茅屋，门口挂着"产房重地，谢绝参观"的木牌子。

小伙子阿鹏跳下马车，看见一个胖姑娘提了一桶米汤，刚好从另一个方向走来。阿鹏迎上去问她："这儿是牛产

《五朵金花》剧照

房吗？"

胖姑娘头也不回地答："一点不错！"

阿鹏跟着她："有件事想问一下。"

胖姑娘不客气地打断他说："你没见人家忙着呢，小牛刚产下来！"说着她推开门走进屋内去了。

阿鹏跟在后面刚想跨过门槛，胖姑娘把他挡住了："这儿不能参观，你没见牌子！"

"我不是参观的，我找人！"

"找人更不行！"她挺泼辣地对他摆了下手，猛地关上了小门。

小伙子在门外走投无路，推门，门不开；叫门，里面不答应。

画家留在车上。音乐家随后赶来，一见这幅情景，全明白了，他努努嘴问："刮胡子啦？"

"可不，不叫进。"

音乐家眼珠一转，忙做了个手势，暗示小伙子用歌声召唤爱人出来。

小伙子会意了，他放开嗓子唱起了

情歌。音乐家用脚踏着拍子，拿出一张小小的三弦琴，为他伴奏。茅屋外面，不远的小树林里，那个青年牧人牵着马，也待在那儿不放心地偷看。

阿鹏唱：

> 蝴蝶飞来山茶开，
> 去年约会今年来，
> 隔山喊花花不应，
> 莫是花开败？

> 爱情虽经风和霜，
> 隔山隔水难相忘，
> 唱个山歌扔过墙，
> 妹要放心上！

牛产房内，人们正在为两头新生的牛犊忙着洗澡，听见屋外这一片喧哗的琴声、歌声，十分讨厌。

一个老大妈不高兴地咕噜："嘿！谁在外面唱歌？"

一个老女人："难听死了！"

另一个年轻姑娘："人家忙得要命，还来唱情歌，金花姐姐，你也会唱，出去唱歌撵他！"

几个人都笑了，唆使那个胖姑娘出外答他："去，去，好好骂他一顿！"

胖姑娘笑着答应了，清了清嗓子，就到屋门口边洗一块手巾，边唱了起来。

> 调子好唱不产粮，
> 人家工作你白忙，
> 十字街头卖三年，
> 谁也看不上！

> 山歌唱得几箩筐，
> 好嗓子生得太冤枉，
> 麻布绣花你不配，
> 莫再乱嚷嚷！

音乐家听了大喜："骂得好！骂得好！没想到这儿骂人的歌都这么好听，而且结合劳动。精彩极了……"他忙把三弦放下，立刻拿出五线纸记起来。

阿鹏撅着嘴："人家骂我，你还说好！"

音乐家："别误会，我是说这歌唱得好。阿鹏，勇敢点，唱下去！你是来找金花的呀！"

阿鹏想到和金花很快就要见面，重又振作起精神，更加大声地唱了：

> 芍药花要配牡丹，
> 虎头竹配凤尾兰，
> 我唱山歌给金花，
> 旁人莫搭讪！

> 去年赛马见的面，
> 金花约我来相见，
> 装聋作哑太不该，
> 难道心已变？

牛产房内。姑娘们听到这里，都笑

起来了,那个年轻姑娘快活地推了胖姑娘一把:"哎,金花姐姐,人家说是你约他来的呢!"

"我约的?呸!"她吐了口口水,站起来擦干双手,走到窗前,推开格子窗,叉着腰气势汹汹地唱着反驳:

> 不曾约你来相见,
> 胡言乱语瞎埋怨,
> 自作多情真可笑,
> 泼水把你撵!

她顺手拿过来那桶洗小牛犊子的污水,就向窗外泼去,恰好浇了小伙子阿鹏满头满脸。

胖姑娘泼辣地把脸一扬,大声问:"我就是金花,不认识你,找我干嘛?"

阿鹏抹着脸眯眼一看,原来正是刚才见过的那个胖姑娘。

音乐家伸了伸舌头:"好厉害!"

胖姑娘没想到自己这一桶污水,真会泼得那么准,完全泼在小伙子身上了,她自己倒有点儿尴尬。窗口上又露出一群姑娘的笑脸,大家看见阿鹏那副狼狈相,都前仰后合地哗笑起来。

阿鹏又气又恼地咕噜着:"找错人了,对不起!"

这时躲在树林中偷看的牧马小伙子,才放下心,折了一枝杜鹃花,拉马走到窗前,把花递给胖姑娘:"金花,我给你采来一枝杜鹃,你喜欢吗?"

胖姑娘接过花,俏皮地说:"得了,别天天送花。赶明儿也得用水浇你!"

阿鹏转身要走,胖姑娘从窗里递过一条干手巾给他说:"小伙子,给你条毛巾擦擦再走吧!"

阿鹏用毛巾擦拭着头脸上的水珠。

看热闹的姑娘们仍然笑不可支,胖姑娘金花猛地把窗子关上了。

马车又在山路上行进,牧马小伙子从后面赶来,唱起了一支歌:

> 金花银花开满树,
> 朵朵金花各有主,
> 要找爱人莫冒失,
> 冒失自受苦!

他唱着绕过马车,打了声很响的呼哨,拍马驰回了牧场。

阿鹏郁郁地对两位艺术家说:"走遍苍山、洱海,也一定要把我的金花找到!"

(作者:赵季康、王公浦)

 **赏析**

《五朵金花》与《音乐之声》一样,同是电影文学剧本。《音乐之声》

是世界音乐电影剧本的经典，而《五朵金花》是中国音乐片的经典。

《五朵金花》写的是农历三月的云南大理，人民公社的副社长金花带领着姐妹们驱车去赶一年一次的"三月街"传统盛会，半路车坏，众人手足无措之时，遇到前来参加赛马会的剑川铁匠阿鹏。阿鹏将车修好，没等金花致谢就翻身上马冲进赛场勇夺冠军。赛后金花找机会与阿鹏接近，两人交谈中生出感情，相约来年山茶花盛开时再在蝴蝶泉边相见。第二年阿鹏如约前来，左等右等不见金花身影。不知如何是好时，他结识了两位来自长春电影制片厂的音乐家与画家朋友，对方听完他的经历，立誓帮他找到了金花。找寻中，积肥模范金花、畜牧场金花、炼钢厂金花和拖拉机手金花先后被阿鹏错当作他的真命天女，笑话闹了不少。节选的片段则叙写了阿鹏错找畜牧场金花的一场误会，真实地反映了白族青年的劳动生活和爱情生活。

含英咀华

死板的合同
—— 关于《威尼斯商人》中的法律问题

莎士比亚名剧《威尼斯商人》讲述的故事是大家都熟悉：威尼斯商人安

东尼奥为了帮助朋友，向犹太商人夏洛克借了一笔钱，而夏洛克为了报复安东尼奥平时对他的侮辱，情愿不要利息，约定在三个月的期限到来之时，如果安乐尼奥不能清偿债务，就要由夏洛克在安东尼奥"心口所在的附近取一磅肉"。后来因为据传安东尼奥的商船接连沉没，到期无法还清债务，夏洛克就向法庭起诉，请求按照原合同履行。威尼斯的公爵和元老们的劝解都无法让夏洛克回心转意，只能准备执行原约定。幸好安东尼奥友人的未婚妻鲍西娅聪明过人，假扮法律权威来到法庭，宣布"这约上所签订的惩罚，于法律条文的含义并无抵触"，夏洛克有权在安东尼奥的胸前取一磅肉；可是因为合同上只写了一磅肉，所以如果在取肉时流出一滴基督徒的血，或者所割超过一磅或不足一磅，就是谋杀，要按照威尼斯的法律抵命并没收全部的财产。夏洛克听了，只得请求撤诉，可这位假冒的法律权威又宣称根据威尼斯的法律，异邦人企图谋杀威尼斯公民，就要由公爵宣判没收财产，夏洛克撤诉就说明他原来的本意只是想谋害安东尼奥，所以要由公爵判罚。公爵就势命令夏洛克改奉基督教，并且没收财产。夏洛克只得灰溜溜地败诉而回。

合同是私人自己定的，难道就成了法律不成？法官难道就不能宣布这合同"不近人情"，将其作废？况且起诉的一方还是一个异教徒，是个在威尼斯受人歧视、几乎是被当作贱民的犹太人，何必如此和他"较真"，一定要以法庭的强制力执行这个合同？这就需要了解这个故事后面的法文化了。

在古代环地中海地区，合同往往具有一种神圣的色彩。比如古代希伯来人在合同方面很迷信，认为神和人是以"约"的方式联系在一起的。犹太教的经典就以"约"为名，着重强调上帝和人类的几次立约：第一次是上帝和挪亚的立约。人类应向上帝献祭，不吃带血的畜肉，上帝则不再发洪水。这次立约以天上的彩虹为信。第二次是上帝和亚伯拉罕的立约，这是上帝和其"选民"（选中的民众）犹太人的约，犹太人应该以割礼为这项约的标志。第三次是上帝和摩西的立约，作为上帝眷顾其选民的代价，犹太人应该以他们的头生子（后改以金钱赎）及头生的牲畜为献祭，并严格遵循"十诫"。后来的基督教教义里，仍旧保留上帝和人类立约这样的概念。基督教的《新约全书》，所谓"新约"是相对于旧有的上帝与人类的约而言的，这个"新约"就是耶稣作为上帝之子为人类而流血，来赦免了人类的罪孽。耶稣在最后的晚餐上要门徒们吃饼，说是他的身体；要门徒喝酒，说是他的血，"为众人流出来，使罪得赦"。教徒要受洗礼、领圣餐、饮红酒，就是遵守基督和人类的这个"新约"的标志。

在古罗马法中，合同也是一种不可动摇、必须履行的约定。罗马法用obligatio表示合同，意思就是"法锁"。罗马法对于债的定义是："法律用以把人或集体的人结合在一起的束缚或锁链。"合同和法律是直接联系在一起的。

在《威尼斯商人》所叙说的那个时代，合同等同于法律仍然是一项普遍的原则。古罗马的法谚"合意创立法律"几乎是全欧通行的原则。法国13世纪出现的《博韦的习俗和惯例》中还有"合同胜过法律"之说。因此，只要是立约人当时是自己做出承诺的，无论是多么不合理的合同，按照"买方自应注意"的原则，就只能自认倒霉。即使是像夏洛克和安东尼奥之间这样的合同依旧被认为和法律一样具有强制力。法庭只能严格依照当事人原先约定的合同文字字面意义进行判决，付诸强制执行，不能对合同本身自行做出解释。

因为合同等于法律，违约等于违法，违约不偿就会遭到严厉处罚。古罗马《十二铜表法》规定，债权人可以把债务人出卖为奴，甚至在有多位债权人的情况下可以把债务人砍成几块。14世纪的德意志法律规定，债权人有权掀掉无力偿还债务的债务人家的房顶。中世纪维也纳的城市法律规定，债权人有权将违约的债务人剥到只剩下一件衬衣。即使在"黑死病"流行的时候，神父在为临终者做忏悔时可以赦免所有的罪恶，唯独不得赦免临终者欠下的债务。在19世纪中叶以前，绝大多数西欧国家都设有专门的负债人监狱，用来关押还不清债务的债务人。

《威尼斯商人》所反映的这种死板的合同等于法律的现象，是西欧中世纪的法文化特有的现象。在这样的文化的背景下，一个人在生意上丧失信用、不能及时还清债务，就会被世俗蔑视，所以在大仲马的《基督山伯爵》里，当摩莱尔公司不能兑现自己开出的期票时，父子两人竟然打算自杀，"用血来洗清耻辱"。我们在欣赏这一时期的西欧名著时应该留意这种法文化背景。

(作者：郭建；选自《文汇报》2001年3月9日)

郭沫若和他的《屈原》

郭沫若在1942年创作的五幕历史剧《屈原》是一部具有强烈政治倾向性的历史剧。剧本描写了战国时代楚国爱国诗人屈原与楚怀王、南后等人的卖国行径进行斗争的事迹，歌颂了屈原热爱祖国的崇高思想和毫不妥协的斗争精神。郭沫若通过屈原对楚怀王绝齐亲秦、甘心投降的谴责，以炽热的爱国主义激情揭露和控诉了国民党顽固派对外丧权辱国、对内积极反共、迫害抗日志士的政治阴谋和卖国行径，以历史事实反映现实斗争。剧本感情奔放，充满革命浪漫主义精神，鲜明地塑造了爱国诗人屈原的形象。

剧中屈原这个光辉形象，是正义的化身，也是皖南事变中为人民与祖国利益而献身的革命志士的化身，屈原的悲愤呼号也是这些革命志士的呼号。在著名的《雷电颂》中，这种呼号与风雷的咆哮合而为一，他呼喊着说："你们宇宙中伟大的艺人们呀，尽量发挥你们的力量吧。发泄出无边无际的怒火把这黑暗的宇宙，阴惨的宇宙，爆炸了吧！爆炸了吧！"

《雷电颂》一千几百字，是深刻感人的《屈原》最主要的篇章。这是一首雄伟的诗歌，一声震撼长空的惊雷，也是强烈的生命的呐喊。它代表了亿万人民的心声，获得了广大群众热烈的赞扬和迅速广泛的传颂，引起了国民党当局的不安和恐慌，他们攻击《屈原》"大成问题""鼓吹爆炸""不利精诚团结"等等，并悍然下令禁演《屈原》。但人民却仍然冒着炎热，挥汗如雨地争看此剧，台上台下同仇敌忾。此剧首演由陈鲤庭导演，演出阵容强大，由金山饰屈原，白杨饰南后，顾而已饰楚怀王，张瑞芳饰婵娟，石羽饰宋玉、施超饰靳尚、苏绘饰张仪、丁然饰子兰、张逸生饰钓者……尤其是金山扮演的屈原在形象塑造上有独特的成就。整个戏的演出，达到了当时演剧艺术的最高水平。

《屈原》在思想内容和艺术形式上有以下几个显著的特点：

一、将"时代的愤怒"贯注在历史故事之中，具有强烈的时代精神

《屈原》一剧的主人公屈原是我国历史上两千年前的一位爱国诗人，也是一位有深刻思想和正义感的政治家。他尊重人民、同情奴隶解放。由于内外反动势力围攻，他在政治上失败了，过了半生流亡生活，最后目睹国破家亡，悲愤投江自杀。他的悲剧是一个时代的悲剧。作者写此剧有纪念屈原的目的，但更主要的是要借屈原的时代来象征作者当时所处的时代。

《屈原》写于1942年1月，正是国民党统治十分黑暗的时代，作者又生活在反动统治的中心——当时最黑暗的重庆，这时，不仅中国社会经历着巨大的变动，而且作者也亲眼看到不少大大小小的时代悲剧。无数爱国青年、革命同志失踪了，代表人民力量的中国共产党在陕北遭受着封锁，而在江南抵抗日寇最有功劳的九千子弟兵反遭顽固派剿杀，全中国进步人士都感到愤怒。作者也同一切进步的人士一样感到极大的愤慨，这就使他产生了强烈的创作冲动，这种冲动在《屈原》的创作过程中鲜明地表现了出来。作者说："目前的《屈原》真可以说是意外的收获。各幕各项情节差不多完全是在写作中逐渐涌出来，不仅是写第一幕时还没有第二幕，就是第一幕如何结束都没有完整的预念，实在也奇怪，自己的脑海就像水池开了闸的一样，只是不断地涌出，涌到了平静为止。"强烈的创作冲动，加上渊博的历史知识，使《屈原》的创作达到一挥而就的境界，作者将自己悲愤的感情完全贯注在屈原形象的塑造之中，将"时代的愤怒复活在屈原时代里去了"，使这个剧本具有强烈的时代精神，表达了这一时期革命人民战斗的情绪和意志，反映了广大人民的爱憎和愿望，成为时代的心声。

二、抒情性与戏剧性结合，具有浓厚的抒情色彩

《屈原》不仅有尖锐复杂的戏剧冲突，而且作者善于在戏剧冲突中突出抒情因素。在塑造屈原形象时，先用优美的《橘颂》显示他那坚贞高洁的性格，以后又运用独白形式抒发人物极度悲愤的心情。《雷电颂》之所以是一首戏剧诗，不仅因为它是"强烈的情感之录音"，而且是因为这种录音是同戏剧冲突紧紧地结合在一起的。第五幕，屈原遭陷害，人格又备受侮辱，囚于东皇太一庙。他手足戴着刑具，颈上系着长链，披发散肩，独自徘徊。在狂风咆哮、电闪雷鸣的规定情境中，眼看世界如此黑暗、祖国行将沦亡，屈原郁积胸中的一腔悲愤，必然会像火似的爆发出来。在这里戏剧性与抒情性完全融为一体，这种融合使《屈原》一剧具有雄伟的气势、浓郁的诗意和巨大的鼓动力量。

三、大胆虚构次要人物，通过人物关系的变化，突出历史人物的灵魂，弥补历史资料的不足

有关屈原的史料，尤其是关于他生活状况的材料是很少的。作者在创作时尽量利用了这些零碎的资料，加上他丰富的历史知识，把屈原的生活组织起来。在构思过程中，作者大胆地运用了想象和虚构，尤其是通过次要人物以及次要人物与主角关系的虚构来衬托、丰富主角，如剧中最忠于屈原而且很尊敬他的女弟子婵娟，最后救屈原出来并自愿作他的仆夫的卫士，都是作者虚构的人物。作者将他们作为两种诗的感情或两种诗人性格的象征，婵娟象征怀旧感情，卫士象征激越奋斗的感情，通过婵娟哀婉的死突出屈原流亡后激越奋发的感情发展，为屈原性格的发展做了有力的烘托。

四、通过多种艺术手段反映历史生活，增强话剧艺术的表现能力

话剧是通过对话和动作表现生活的，语言是它的两个主要表现手段之一。但是，作者通过长期的艺术实践认识到，话剧艺术不应该受此束缚，应该在发挥话剧艺术之长的前提下，充分调动其他一些艺术手段，使剧本更好地发挥艺术形象的感染力。

在《棠棣之花》演出时，有人曾批评作者为什么"一定叫许多歌女歌男，在台上大舞一阵"，作者在申述时指出："在上海上演时由歌舞指导欧阳予倩先生让一群歌女也出了场，载歌载舞，我觉得很有意义，使空洞的气氛形象化了。"在这一点上，作者的信念坚定不移，他很重视如何使艺术更形象地

反映生活。我国的戏曲艺术以唱为主,有音乐伴奏,有舞蹈动作,艺术表现力很强,话剧现实性、战斗性强,但在艺术上要学习戏曲丰富的艺术表现力。在这方面,《屈原》在话剧民族化方面做出了新的努力。剧中歌舞场面的多次穿插,不仅丰富了舞台色彩,更主要的是增强了作品的艺术表现力,既加强了戏的抒情因素,创造了诗的意境,又深刻感人地刻画了人物形象。郭沫若历史剧的这一艺术特色,一直到后来《蔡文姬》等剧的创作中仍然得到保持和发扬。

五、情节集中紧凑、一气呵成,具有高度的艺术完整性

《屈原》是传记体的历史剧。作为历史人物的屈原,他的悲剧身世很长,在楚怀王时代做左徒时未满30岁,到楚襄王二十一年郢都陷落屈原殉国时已63岁。30多年的悲剧历史如何搬上舞台?如何结构情节?这个问题作者考虑了相当长的时间。虽然全剧执笔时间不到十天,这个如何结构的问题,却因不易解决使他"不能执笔有三个星期之久"。可见作者在结构问题上是颇费斟酌的。

起初,作者想写成上下两部,每部写五六幕,甚至作者连下部分幕、人物表都写了出来,然而,这最初的结构提纲在下笔时全部打破了。本来打算写屈原一生的,结果只写了屈原一天,但这一天却已将屈原的一生概括了。全剧情节一气呵成,十分集中,有着高度的艺术完整性,是话剧剧本结构严谨的典范之作。

(作者:傅莎)

读写津梁

读戏曲书 说戏曲事

自小生活在江南水乡的我,对于戏曲并不陌生,儿时的戏曲在于我,是爷爷手里吱吱呀呀的二胡,是骑在爸爸脖子上去城隍庙看戏台时手里的冰糖葫芦,是妈妈唱《沙家浜》时台下的掌声,是连环画《西厢记》里面的俏红娘……然而怎么也没想到后来的我所学的专业会是戏剧。所以,还不及提笔落字,种种年少时的回忆就已经浮出水面,甚至几段孩提时熟悉的越剧唱段宛若就在耳畔。

其实在大学期间,虽说学的不是戏曲专业,林林总总的戏曲也看了不少,好几个名角的名戏也都看了。后来,我拿到1987年出版的叶长海先生的《中国历代剧论选注》,不敢轻待,细细品读起来。

我看书很老实，喜欢从头至尾按部就班，可就在我刚看完前面几篇文章后，就不禁怒从心中来。在《乐本篇》和《乐象篇》，都把艺术活动和对人民的统治、政法的实施联系起来，比如"故礼以道其志，乐以和其性，政以一其行，刑以防其奸，礼乐行政，其极一也""生民之道，乐为大焉"。这样意思的语句在春秋战国时期的剧论选注里面层出不穷。就算在荀况的《乐论》中，他批判了墨子的"非乐"的主张，但是荀况一样是觉得乐是有特殊作用的，可以和礼一起引导和规范人的生活。偶然有几个短篇中提到了艺术纯粹的娱乐功能，让我拍手称快，比如傅毅的《舞赋序》为"郑声"正名。但是毕竟当时那本书还只是读了几篇，我想再往下读几篇不妨。马上我就读到了一篇让我心向往之的文章《西京赋》。

这是何等的人间奇观，看到此文描述的景象之时，我实在分辨不出是演出的盛况着实精彩，还是张衡的想象过于瑰丽。而我最为心神荡漾的是文中的最后一句："于是众变尽，心醒醉，盘乐极，怅怀萃。"这句话的意思是众人在尽情娱乐之后，都像酒醉后一般困惫如病，兴起了一些惆怅之思。这样的境遇，在我们现在的艺术活动中真的是少而又少。我们现在的多少艺术作品是可以享尽其乐而后知的，而千年前的古人已能如此。

从这些文章中我发现一点，古人的艺术演出：一是注意演出的效果，这效果有两层意思，舞台效果以及和观众的交流。比如《西京赋》是追求舞台效果为主的百变瑰丽，而《西凉伎》中的演出虽不如《西京赋》中来得场面大，但是它面对的人群是思乡的胡民，贯穿演出的苍凉情绪使七十征夫低面泣，因此也达到了很好的演出效果。二是娱人和自娱。我不知道古人的百戏发展到今天的戏曲也好，话剧也好，还有多少人是为娱人和自娱去的。艺术不能娱人娱己，何乐之有，岂不笑话。

看了几十篇剧论文章下来，为什么会对演出效果和娱人娱己颇感兴趣，大抵是跟我自己的话剧导演专业有关。我在学习的过程中，老师们总是问我很多你为什么要这样做这个戏，也就是你要表现什么主题。中国的戏很多是这样，里子甚于面子。里子很重要，面子差不多就行。可是越是这样，往往是里子也没挑好，面子也丢了。现在中国的戏总是喜欢讲道理，这种里子未免让人很不受用。这样下来就经常会是舞台没效果，观众没兴趣，和古文中描写的艺术演出如何受欢迎出入极大，因此我对那样的演出场景无比向往。第二，我感兴趣的娱人和自娱，这可能跟戏剧的起源有关系。其实在苏轼的文章《八腊》中已经提到戏剧的起源，实际上是以娱人为主、祭神为辅的极富人情味的"岁终聚戏"，因此，戏剧实际上更多的是民众劳动后的休息和娱乐，这至少是中国戏剧的源头。可能正是这样一种放松的心态和积极的娱乐精神，使得中国古代的戏曲有粉蓬勃的生命力和多种多样的表现形式。"问渠那得清如许，为有源头活水来。"

这本《历代剧论选注》给我的这两方面的启示，同时也带动了我对戏剧演出的思考。这些年无论是戏曲还是话剧，都在寻求突破，特别是戏曲的改革力度是相当的大，中间也产生了很多的争论，比如要不要写现代戏曲，戏曲种类是不是要依然存在如此之多，等等。读完此书，我也有感而发说上两句。

这几年戏曲改革之下，舞台效果长足进步。而中国戏曲前几年在这方面一直不能引起足够的重视，大家都把注意力放在舞台假定性上，认为戏曲完全可以依靠一桌二椅走遍天下。殊不知时代不同，现在是视觉艺术的年代，人们的视听觉都前所未有地丰富，戏曲自然也应该加强视觉方面的冲击力。更何况戏曲本来就该是视听觉的饕餮之行，戏曲的唱念做打、服装化妆无一不是视觉和听觉的享受，到今天就更应该用高科技的舞台手段来突出这些优点。而且我们也看到我列举的文章中古代的艺术演出就已经非常注意效果的展示。

明代万历年间，由于戏曲艺术的繁荣，出现了一批加工修改原有剧本的剧作家。这些剧作家主要是把文学剧本过渡到舞台演出本，以更适合扮演和观赏的需要。而李渔也认为"世道迁移，人心非旧；当日有当日之情态，今日有今日之情态"。因此在演出剧目时，必须"易以新词，透入世情三昧。"，以达"虽观旧剧，如阅新篇"的效果。古人是以这样的态度对待旧剧，以旧瓶装上了新酒，给予新顾客。而今天我们在戏曲改编方面，也许是我孤陋寡闻，虽有易景，但是易以新词方面确是少有闻之，或有，也许并不闻名。我所若到的旧剧改编，虽有耳目一新之感，却难有世情变迁的感觉。所以文本方面的改编和创作方面，我们似乎应该向古人取取经了。

（作者：朱卓尔；选自《上海艺术家》2006年第3期。有删节）

文史广角

变　脸

川剧变脸是川剧表演的特技之一，

川剧变脸

是揭示剧中人物内心思想感情的一种浪漫主义手法,即把不可见、不可感的抽象的情绪和心理状态变成可见、可感的具体形象——脸谱。

相传古时候人类在面对凶猛野兽时为了吓跑入侵的野兽,会把自己脸部勾画出不同形态,川剧把"变脸"搬上舞台,通过绝妙的技巧使它成为一门独特的艺术。

变脸的手法大体上分为三种:"抹脸""吹脸""扯脸"。此外,还有一种"运气"变脸。

"抹脸"是将化妆油彩涂在脸的某一特定部位上,到时用手往脸上一抹,便可变成另外一种脸色。如果要全部变,则油彩涂于额上或眉毛上,如果只变下半部脸,则油彩可涂在脸或鼻子上。如果只需变某一个局部,则油彩只涂要变的位置即可。如《白蛇传》中的许仙,《放裴》中的裴禹,《飞云剑》中的陈仑老鬼等都采用"抹脸"的手法。

"吹脸"只适合于粉末状的化妆品,如金粉、墨粉、银粉等。有的是在舞台的地面上摆一个很小的盒子,内装粉末,演员到时做一个伏地的舞蹈动作,趁机将脸贴近盒子一吹,粉末扑在脸上,立即变成另一种颜色的脸。必须注意的是:吹时闭眼、闭口、闭气。如《活捉子都》中的子都,《治中山》中的乐羊子等人物的变脸,采用的便是"吹脸"的方式。

"扯脸"是比较复杂的一种变脸方法。它是事前将脸谱画在一张一张的绸子上,剪好,每张脸谱上都系一把丝线,再一张一张地贴在脸上。丝线则系在衣服的某一个顺手而又不引人注目的地方(如腰带上之类)。随着剧情的进展,在舞蹈动作的掩护下,一张一张地扯下来。如《白蛇传》中的钵童(紫金铙钵),可以变绿、红、白、黑等七八张不同的脸。再如《旧正楼》中的贼、《望娘滩》的聂龙等也使用扯脸。"扯脸"有一定的难度。一是粘脸谱的黏合剂不宜太多,以免到时扯不下来,或者一次把所有的脸谱都扯下来。二是动作要干净利落,假动作要巧妙,能掩观众眼目。

还有一种方式是"运气变脸"。传说已故川剧名演员彭泗洪在扮演《空城计》中的诸葛亮时,当琴童报告司马懿大兵退去以后,他能够运用气功而使脸由红变白,再由白转青,意在表现诸葛亮如释重负后的情感变化。

四大行当

京剧在塑造人物方面有其独特的造型语言,它把不同性别、性格、年龄、身份的人物划分为不同的行当,一般说来有"生、旦、净、丑"四大行当。由于京剧人物造型形象鲜明、风格多样,有强烈的剧场效果,常常更易于激起观众的欣赏兴趣。

一、生

京剧中的"生",一般指剧中扮演男子的演员,其中又可细分为"老生""小生"和"武生"。

老生

"老生",顾名思义就是中老年男子角色,在剧中多为正直刚毅的人物形象。老生又叫须生或胡子生,因为老生都挂胡子。胡子在京剧里的专门名词叫"髯口"。老生除了须生和胡子生,还有一个名词叫"正生",表示严肃端庄的意思。老生在剧中一般注重演唱和细腻表演,唱腔上也最为丰富。台词用京剧中的韵白来表现,演唱用真声,风格刚劲、挺拔、质朴、醇厚,动作造型也以雍容、端方、庄重为基调。

与老生相对应的是"小生",小生就是比较年轻的男性角色。小生的特点是不戴胡子,扮相一般都是比较清秀、英俊。在表演上最大的特点是唱和念都是真假声互相结合。假声一般比较尖,比较细,比较高,声音听起来比较年轻,这样就从声音上跟老生有所区别。采用这样一种发声方法,是为了表示这种行当所扮演的角色,都是些青年人。

"武生"是指剧中年轻的男性武将,他们用高超的武打技术来展示剧中人物的武艺高强,不重演唱,注重武打动作的娴熟和技巧的难度。例如京剧《长坂坡》中的赵云。

其实,在京剧生行里,还有一个行当——"红生",也应该附在老生这个门类里来。红生就是指脸上勾着红脸,用红色涂成脸谱的老生。这样的角色不多,主要是关羽和赵匡胤这两个角色。

二、旦

京剧中把女性统称为"旦",其中按照人物的年龄、性格又可细分为许多行当。

正旦

饰演大家闺秀和有身份的妇女称为"正旦",正旦在京剧中俗称"青衣",这就是因为正旦所扮演的角色常穿青色的带褶长衫而得名。

"花旦",多扮演天真活泼或放荡泼辣的青衣妇女,在表演上注重做工和念白。

"老旦"多扮演老年妇女。老旦的表演特点,就是唱、念都用本嗓,用真嗓,但不能像老生那样平、直、刚劲,而应该像青衣那样婉转迂回。为突出老年人的特点,走路迈一种沉稳的横八字步,服装色调为色彩偏暗的秋香色、墨绿色。

刀马旦

"武旦"和"刀马旦"相当于生行中的武生,扮演的是擅长武艺的青壮年妇女,装扮和武生差不多,也扎靠服,多为女侠、女将甚至女仙、女妖等。武旦和刀马旦的表演往往还伴随着热闹的锣鼓点,以烘托场上的气氛。

三、净

在京剧中,"净"是舞台上具有独特风格的人物类型,脸部化妆最为丰富。"净"因面部化妆时要用各种色彩和图案勾勒脸谱,所以又俗称"大花脸"。净一般扮演品貌或者性格有特点的男子,在京剧中多为将军、神化人物或有一定社会地位的人,虽有文武善恶之分,但在性格气质上都近乎粗犷、奇伟、豪迈,因而在演唱上要求用真声演唱,音色宽阔洪亮、粗壮浑厚,动作造型也要求粗线条、气度恢宏,以突出扮演人物的性格和声势。

净

四、丑

无丑不成戏，"丑"角是京剧的主要行当之一，京剧中的丑角演员又称为"小花脸"。"丑"行的化妆虽与大花脸有点相像，可是他的表演风格却完全不同，有点像夸张的漫画。丑角的出场常会带来满堂的笑声。

文丑

"丑"分"文丑"和"武丑"两类。武丑扮演的经常是一些机警风趣、武艺高超的人物，像绿林好汉、侠盗小偷等等。"文丑"经常扮演花花公子、狱卒、酒保、更夫、老兵等。不管文丑或武丑，虽有文武善恶、身份高低之分，在剧中都是幽默、滑稽的喜剧人物，也并不都是反派。

京剧的行当是经过长期的提炼和规范，突出人物的内在特征，把人物的内在特征加以外化而形成的，是京剧与其他戏剧形式不同的重要特征。

谭派老生阅历炼成

"咱家是到了中年再改唱老生。"这话是谭鑫培说的，在他们家，也是这样贯彻执行的。

这位谭老夫子，是比杨小楼更高一辈的演员，在京剧史上占有非常重要的地位。他年轻时，经常活跃在城乡接合部，在农村的土台子上唱过许多年。

最初，谭鑫培是唱武生的，到了中年，逐渐改唱老生。小时候，他练过武术，给农村的财主看过家护过院。他的后半生，是在北京城里度过的，甚至经常奉宫廷之命进宫给西太后唱戏。他每演一出戏，先把戏里戏外的事情想透彻，再把自己扮演的角色想明白。这样一来，还能不成功吗？

比如他在宫廷中演过一出《盗魂铃》，在戏里，他反串猪八戒，上场之后，先反串，唱了其他正经戏中的著名唱段，故意以猪八戒的身份，把"正"的段子唱"歪"。

谭鑫培

这一思路十分准确。猪八戒本来就是一个不严肃的人物，如果让他唱得有滋有味，反倒就不是猪八戒。后边戏里，有一个从三层高桌上向下翻的高难动作，别的演员演到这里，认认真真地爬上去，然后，认认真真地从三层高桌上翻落下来，以求赢得一片脆快的掌声。

谭鑫培走到桌子近旁，犹豫了，看了看，想爬上去，又犹豫着，退缩下来。台底下的王公大臣替他着急，心说，这是剧情规定的技巧，你怎么能不卖力啊？

谭鑫培犹豫了三次（京剧中，习惯以"三"为度，少于"三"不够，多于"三"就嫌烦琐），最终，还是退了回去。这个桌子，他不爬了。

戏台底下的王公大臣开始议论："老谭啊，你想省事是不是？"

坐在中间的西太后听见了，止住群臣的议论，慢慢地说："他演得对啊。这是猪八戒，猪八戒是一个贪吃偷懒的家伙，能省事就省事，同时，又最怕危险。如果今天演的是孙悟空，我就要治他'不卖力气'的罪。再说，他谭鑫培是唱武生的出身，这翻三层桌，也难不倒他……"

谭鑫培这个人，虽然中年进入城市，后半生在城市成就大名，但是，他始终保持着农村人的淳朴。

晚年，他赶上录制唱片。有一次，他录制完几段唱腔，唱片公司把报酬通过其他人转给他，他感叹说："咱不过就唱了那么几段，都是清唱，也没费什么劲，就收人家那么多钱，真是不好意思。""身边的人"告诉谭鑫培"唱片公司绝不会吃亏"云云，谭鑫培听了，半信半疑。以后，谭鑫培又灌了片子，"身边的人"也就不费事了，把报酬扣掉一半，再给谭鑫培。谭鑫培反倒十分高兴。谭鑫培非常看重自己中年进入城市从武生转为老生的经历，他觉得当中有一种规律。一些表现晚年之人的戏，比如《洪羊洞》，他认为，四十岁前的老生不宜学，因为不到岁数，根本不可能懂得，即使学了，也不像。

他认为，年轻时先唱武生为好，把身段姿势练出来，等嗓子唱着唱着出来了，再改老生，也不迟。同时，老生的思想总比武生复杂，由中年人唱，自然更适合。戏班培养孩子，通常都是进入戏班半年，进行"再分配"。面对这一群男孩子，老师们这样处理：面目姣好者唱旦角，身子粗笨的唱花脸，身手矫健的唱武生，面目端正的唱老生……这种习俗，一直延续到今天。谭鑫培却认为，戏班有戏班的办法，咱们家是咱们家，咱们家唱戏的人，年轻时先唱武生，到了中年，水到渠成，再改老生。一是不晚，二是可能比一上来就唱老生还好。

果然，谭鑫培之孙富英，曾孙元寿，都唱过武生，等到中年再改老生，身上就比一般老生更好看。

（作者：徐城北；选自《特别关注》2012 年第 5 期）

趣味语文

大师也有做错的事

20 世纪 30 年代，正是川剧大发展的时代。有一个堪称大师的老生出演《乌龙院》里的宋江：当宋江杀了阎婆惜下楼时，走了五六步，突然打破常规，一个"抢背"（戏曲表演里的跌扑动作）翻下楼梯。场内一片惊叹之后，爆发出一阵喝彩声。

要是别人这样演，那就是出错了，因为原剧里的宋江是没有"抢背"的。而大师是不会出错的，只能是创新。第二天，报纸上一片赞誉，都说这个"抢背"翻得好，恰当地表现出宋江杀人后紧张慌乱的心情。于是，大家立即跟进，之后谁演《乌龙院》，都要走几步再来一个"抢背"。渐渐地，这个"抢背"下楼就成为川剧《乌龙院》的定势。

奇怪的是，这位大师从此以后，很长时间没有再演《乌龙院》。这一反常又赢来一片赞叹，都说大师在给同行留饭呢。大师年老告别舞台后，有一次与老朋友闲谈，老朋友问他，为什么把"宋江下楼"改成了"抢背"？为什么从那以后再没演过《乌龙院》？

他说，"宋江下楼"是他的拿手好戏，谁知那天他走到一半，突然台下有人喊好，他一愣，一走神，就忘记了已经走过几步。

原来，演戏有个规矩叫作"七上八下"（或是"上七下八"），即上楼走七步，下楼走八步，多走一步少走一步都是错误，而且还是个最低级的错误。怎么办？错误已经无法避免，只能将错就错。于是，他就一个"抢背"翻下楼梯，这样就不用计较走几步了。

不料，此事在大师心里留下了阴

影，之后只要一演《乌龙院》，腿就打抖，心就发慌，只好改演别的戏。

原来，大家继承的竟是大师的错误。

（作者：王铭三；选自《文史博览》2012年第3期。有删节）

六　浩然正气

我们生长在天地间，拥有共同的禀性和道德观念。我们的先民创造了无数经典，其中优秀的道德理念与践行事例，承载着中华民族的民族精神、人文情怀、道德观、价值观和人生观等，如一股浩然正气长存天地之间。

"养气"之说源于孟子，他所说的"气"，实际上是一种精神性的正气。"气"是中国古代哲学的一个范畴，在宋代理学中更是一个基本的概念。张载以"气"作为宇宙的本体，主张"气一元论"；朱熹以"理"为世界本原，强调"气"化育万物的作用。

用心去诵读、理解、体悟、践行，将经典里的人伦大道运用于实际生活中，"浩然正气"就会在我们的思想中得到强化，融会贯通，并通过涵养形成品性，从而形成民族认同和文化认同，构建起中华民族共有的精神家园。

主题阅读

正气歌（并序）

余囚北庭，坐一土室，室广八尺，深可四寻。单扉低小，白间短窄，污下而幽暗。当此夏日，诸气萃然，雨潦四集，浮动床几。时则为水气，涂泥半潮，蒸沤沥润；时则为土气，乍晴暴阴，风道四塞；时则为日气，檐阴薪爨，助长炎虐；时则为火气，仓腐寄顿，陈陈逼人；时则为米气，骈肩杂遝，腥臊污垢；时则为人气，或圊溷积臭暴屍，或腐鼠恶气杂出；时则为秽气。叠是数气，当之者鲜不为厉。而予以孱弱俯仰其间，于兹二年矣，幸如是，殆有养致然尔。然亦安知所养何哉？孟子曰："吾善养吾浩然之气。"彼气有七，吾气有一，以一敌七，吾何患焉！况浩然者，乃天地之正气也，作《正气歌》一首：

天地有正气，杂然赋流形。
下则为河岳，上则为日星。
于人曰浩然，沛乎塞苍冥。
皇路当清夷，含和吐明庭。
时穷节乃见，一一垂丹青。
在齐太史简，在晋董狐笔。
在秦张良椎，在汉苏武节。

为严将军头,为嵇侍中血。
为张睢阳齿,为颜常山舌。
或为辽东帽,清操厉冰雪。
或为出师表,鬼神泣壮烈。
或为渡江楫,慷慨吞胡羯。
或为击贼笏,逆竖头破裂。
是气所旁薄,凛烈万古存。
当其贯日月,生死安足论。
地维赖以立,天柱赖以尊。
三纲实系命,道义为之根。
嗟予遘阳九,隶也实不力。
楚囚缨其冠,传车送穷北。
鼎镬甘如饴,求之不可得。
阴房阗鬼火,春院闷天黑。
牛骥同一皂,鸡栖凤凰食。
一朝蒙雾露,分作沟中瘠。
如此再寒暑,百沴自辟易。
嗟哉沮洳场,为我安乐国。
岂有他缪巧,阴阳不能贼。
顾此耿耿在,仰视浮云白。
悠悠我心悲,苍天曷有极。
哲人日已远,典刑在夙昔。
风檐展书读,古道照颜色。

(作者:[南宋]文天祥)

【大意】

我被囚禁在北国的都城,住在一间土屋内,土屋有八尺宽,大约四寻深。有一道单扇门,又低又小,一扇白木窗子,又短又窄,地方又脏又矮,又湿又暗。碰到这夏天,各种气味都汇聚在一起,雨水从四面流进来,甚至漂起床、几,这时屋子里都是水气,屋里的污泥因很少照到阳光,蒸熏恶臭;这时屋子里都是土气,突然天晴暴热,四处的风道又被堵塞;这时屋子里都是日气,有人在屋檐下烧柴火做饭,助长了炎热的肆虐;这时屋子里都是火气,仓库里储藏了很多腐烂的粮食,阵阵霉味逼人;这时屋子里都是霉烂的米气,关在这里的人多,拥挤杂乱,到处散发着腥臊汗臭;这时屋子里都是人气,又是粪便,又是腐尸死鼠,各种各样的恶臭一起散发;这时屋子里都是秽气,这么多的气味加在一起,成了瘟疫,很少有人不染病的。可是我以虚弱的身子在这样糟的环境中生活,到如今已经两年了,却没有什么病。这大概是因为有修养才会这样吧。然而怎么知道这修养是什么呢?孟子说:"我善于培养我心中的浩然之气。"它有七种气,我有一种气,用我的一种气可以敌过那七种气,我担忧什么呢!况且博大刚正的,是天地之间的凛然正气。(因此)写成这首《正气歌》:

天地之间有一股堂堂正气,它赋予万物而变化为各种体形。

在下面就表现为山川河岳,在上面就表现为日月辰星。

在人间被称为浩然之气，它充满了天地和寰宇。

国运清明太平的时候，它呈现为祥和的气氛和开明的朝廷。

时运艰危的时刻义士就会出现，他们的光辉形象——垂于丹青。

在齐国有舍命记史的太史简，在晋国有坚持正义的董狐笔。

在秦朝有为民除暴的张良椎，在汉朝有赤胆忠心的苏武节。

它还表现为宁死不降的严颜的头，表现为拼死抵抗的嵇绍的血。

表现为张巡誓师杀敌而咬碎的齿，表现为颜杲卿仗义骂贼而被割的舌。

有时又表现为避乱辽东喜欢戴白帽的管宁，他那高洁的品格胜过了冰雪。

有时又表现为写出《出师表》的诸葛亮，他那死而后已的忠心让鬼神感泣。

有时表现为祖逖渡江北伐时的楫，激昂慷慨发誓要吞灭胡羯。

有时表现为段秀实痛击奸人的笏，逆贼的头颅顿时破裂。

这种浩然之气充塞于宇宙乾坤，正义凛然不可侵犯而万古长存。

当这种正气直冲霄汉贯通日月之时，活着或死去根本用不着去谈论！

大地靠着它得以挺立，天柱靠着它才得以支撑。

三纲靠着它才能维持生命，道义靠着它才有了根本。

可叹的是我遭遇了国难的时刻，实在是无力去安国杀贼。

穿着朝服却成了阶下囚，被人用驿车送到了穷北。

如受鼎镬之刑对我来说就像喝糖水，为国捐躯那是求之不得。

牢房内闪着点点鬼火一片静谧，春院里的门直到天黑都始终紧闭。

老牛和骏马被关在一起共用一槽，凤凰住在鸡窝里像鸡一样饮食起居。

一旦受了风寒染上了疾病，那沟壑定会是我的葬身之地。

如果能这样再经历两个寒暑，各种各样的疾病就自当退避。

可叹的是如此阴暗低湿的处所，竟成了我安身立命的乐土住地。

这其中难道有什么奥秘，一切寒暑冷暖都不能伤害我的身体。

因为我胸中一颗丹心永远存在，功名富贵对于我如同天边的浮云。

我心中的忧痛深广无边，请问苍天何时才会有终极。

先贤们一个个已离我远去，他们的榜样已经铭记在我的心里。

屋檐下我沐着清风展开书来读，古人的光辉将照耀我坚定地走下去。

赏析

诗的开头即点出浩然正气存乎天地之间，至时穷之际，必然会显示出来。随后连用十二个典故，这些历史上有名的人物，他们的所作所为凛然显示出浩然正气的力量。接下来文天祥说明浩然正气贯日月、立天地，为三纲之命与道义之根。最后联系到自己的命运，自己虽然兵败被俘，处在极其恶劣的牢狱之中，但是由于自己一身正气，各种邪气和疾病都不能侵犯自己，因此自己能够坦然面对自己的命运。全诗感情深沉、气壮山河、直抒胸臆、毫无雕饰，充分体现了作者崇高的民族气节和强烈的爱国主义精神。

武侯祠：一千七百年的沉思

中国历史上有无数个名人，但没有谁能像诸葛亮这样引起人们长久不衰的怀念；中国大地上有无数座祠堂，没有哪一座能像成都武侯祠这样，让人能生出无限的崇敬、无尽的思考和深深的遗憾。这座带有传奇色彩的建筑，令海内外所有的崇拜者一提起它就产生一种神秘的向往。

武侯祠坐落在成都市区略偏南的闹市，两棵古榕为屏，一对古狮拱卫，当

武侯祠

街一座朱红飞檐的庙门。你只要往门口一站，一种尘世暂离而圣地在即的庄严肃穆之感便油然而生。进门是一庭院，满院绿树披道，杂花映目，一条50米长的甬道直达二门，路两侧各有唐代、明代的古碑一座。武侯祠这绿荫的清凉和古碑的幽远先教你有一种感情的准备，我们将去造访一位1700年前的哲人。进二门又一座四合庭院，约50米深，刘备殿飞檐翘角，雄踞正中，左右两廊分别供着28位文臣武将。过刘备殿，下11阶，穿过庭，又一四合院，东西南三面以回廊相通，正北是诸葛亮殿。由诸葛亮殿顺一红墙翠竹夹道就到了祠的西部——惠陵，这是刘备的墓，夕阳抹过古冢老松，叫人想起遥远的汉魏。由诸葛亮殿向东有门通向一片偌大的园林。这些树、殿、陵都被一线红墙环绕，墙外车马喧，墙内柏森森。诸葛亮能在1700年后享此祀地，并前配天子庙，右依先帝陵，千多年来香火不绝，这气象也真绝无仅有了。

公元234年，诸葛亮在进行他一生的最后一次对魏作战时病死军中。一时国倾梁柱，民失相父，举国上下莫不痛悲，百姓请建祠庙，但朝廷以礼不合，不许建祠。于是每年清明节，百姓就于野外对天设祭，举国痛呼魂兮归来。这样过了30年，民心难违，朝廷才允许在诸葛亮殉职的定军山建第一座祠，不想此例一开，全国武侯祠林立。成都最早建祠是在西晋，以后多有变迁。先是武侯祠与刘备庙毗邻，诸葛祠前香火旺，刘备庙前车马稀。明朝初年，帝室之胄朱椿来拜，心中很不是滋味，下令废武侯祠，只在刘备殿旁附带供诸葛亮。不想事与愿违，百姓反把整座庙称武侯祠，香火更甚。到清康熙年间，为解决这个矛盾，干脆改建为君臣合庙，刘备在前，诸葛亮在后，以后朝廷又多次重申，这祠的正名为昭烈庙（刘备谥号昭烈帝），并在大门上悬以巨匾。但是朝朝代代，人们总是称它为武侯祠，直到今天。"文化大革命"曾经疯狂地破坏了多少文物古迹，但武侯祠却片瓦未损，至今每年还有200万人来拜访。这是一处供人感怀、抒情的所在，一个借古证今的地方。

我穿过一座又一座的院落，悄悄地向诸葛亮殿走去。这殿不像一般佛殿那样深暗，它曾为丞相治事之地，殿柱矗立，贯天地正气，殿门前敞，容万民之情。诸葛亮端坐在正中的龛台上，头戴纶巾，手持羽扇，正凝神沉思。往事越千年，历史的风尘不能掩遮他聪慧的目光，墙外车马的喧闹也不能把他从沉思中唤醒。他的左右是其子诸葛瞻，其孙诸葛尚。瞻与尚在诸葛亮死后都为蜀汉政权战死沙场。殿后有铜鼓三面，为丞相当初治军之用，已绿锈斑驳，却余威尚存。我默对良久，隐隐如闻金戈铁马声。殿的左右两壁书着他的两篇名文，左为《隆中对》，条分缕析，预知数十年后天下事；右为《出师表》，慷慨陈词，痛表一颗忧国忧民心。我透过他深沉的目光，努力想从中发现这位东方"思想家"的过去。我看到他在国乱家丧之时，布衣粗茶，耕读山中；我看到他初出茅庐，羽扇轻轻一挥，80万曹兵灰飞烟灭；我看到他在斩马谡时那一滴难言的浊泪；我看到他在向后主自报家产时那一颗坦然无私的心。记得小时读《三国》，总希望蜀国能赢，那实在不是为了刘备，而是为了诸葛亮。这样一位才比天高、德昭宇宙的人不赢，真是天理不容。但他还是输了，上帝为中国历史安排了一出最雄壮的悲剧。

假如他生在古周、盛唐，他会成为周公、魏征；假如上天再给他10年时间（活到63岁不算老吧），他也许会再造一个盛汉；假如他少一点愚忠，真按刘备的遗言，将阿斗取而代之，也许会又建一个什么新朝。我胸中四海翻腾作着这许多的假如，抬头一看，诸葛亮还是那样安静地坐着，目光更加明净，手中的羽扇像刚刚挥过一下。我不觉可笑自己的胡思乱想。我知道他已经这样静坐默想了1700年，他知道天命不可违，英雄无法再造一个时势。

1700年前，诸葛亮输给了曹魏，但他却赢得了从此以后所有人的心。我从大殿上走下，沿着回廊在院中漫步。这个天井式的院落像一个历史的隧道，我们随手可翻检到唐宋遗物，甚至还可驻足廊下与古人、故人聊上几句。杜甫是到这祠里做客次数最多的。他的名句"出师未捷身先死，长使英雄泪满襟"，唱出了这个悲剧的主调。南面东西两廊的墙上嵌着岳飞草书的前后《出师表》，笔走龙蛇，倒海翻江，黑底白字在幽暗的廊中如长夜闪电，我默读着"临表涕泣，不知所云"，读着"汉贼不两立，王业不偏安"，看那墨痕如涕如泪，笔锋如枪如戟，我听到了这两位忠臣良将遥隔900年的灵魂共鸣。这座天井式的祠院1700年来就这样始终为诸葛亮的英气所笼罩，并慢慢积聚而成为一种民族魂。我看到一个个的后来者，他们在这里扼腕叹息、仰天长呼或沉思默想。他们中有诗人，有将军，有朝廷的大臣，有封疆大吏，甚至还有割据巴蜀的草头王。但不管是什么人，不管来自什么出身，负有什么使命，只要在这个天井小院里一站，就受到一种庄严的召唤。人人都为他的凛然正气所感召，都为他的忠义之举而激动，都为他的淡泊之志所净化，都为他的聪明才智所倾倒。人有才不难，历史上如秦桧那样的大奸也有歪才；有德也不难，天下与人为善者不乏其人。难的是德才兼备，有才又肯为天下人兴利，有功又不自居、不自傲。

历史早已过去，我们现在追溯旧事，也未必对"曹贼"那样仇恨，但对诸葛亮却更觉亲切。这说明诸葛亮在那场历史斗争中并不单纯地为克曹灭魏，他不过是要实现自己的治国理想，是在实践自己的做人规范，他在试着把聪明才智发挥到极限，蜀、魏、吴之争不过是这三种实验的一个载体。他借此实现了作为一个人，一个历史伟人的价值。

古往今来有两种人，一种人为现在而活，拼命享受，死而后已；一种人为理想而生，鞠躬尽瘁，死而后已。一个人不管他的官位多大，总要还原为人；不管他的寿命多长，总要寿终成鬼；而只有极少数人才有幸被百姓筛选，历史擢拔为神，享四时之祀，得到永恒。

我在祠中盘桓半日，临别时又在武侯像前伫立一会儿，他还是那样，目光泉水般的明净，手中的羽扇轻轻抬起，一动也不动。

（作者：梁衡）

赏析

诸葛亮与刘备，生前一是臣一是君，尊卑待遇不同，他们死后也受到了不同的待遇，但是这一次不再是君贵臣轻，而是臣荣于君，恐怕这就是真正的民心所向。老百姓只对于自己打心眼里面崇敬的对象寄寓敬意和纪念，民间的疯狂破坏在他的面前也会收敛，这就是诸葛亮的巨大人格魅力。人们在拜访武侯祠的时候寻访的除了一个人外，还有一种对理想人格的向往。

含英咀华

重读《曹刿论战》中的鲁庄公

《曹刿论战》是文言文经典作品之一，其原因不仅在于它只用222个字，就完整地记叙了长勺之战的过程，表现了曹刿的远见卓识，更重要的是它让主要人物曹刿的形象深深烙在了读者的心中：运筹帷幄，决胜千里，亲临战场，从容指挥。正是由于曹刿在政治上的远见卓识和军事上的指挥才能，弱小的鲁国才战胜了强大的齐国，创造了中国历史上著

鲁庄公

名的以少胜多的战例。重读《曹刿论战》，我总觉得对其中的人物分析不够全面。我认为长勺之站的功绩不能少了那位虚心纳谏、从善如流、知人善用的鲁庄公。下面我们一起探讨《曹刿论战》中有关鲁庄公这个人物形象的几个闪光点。

一、礼贤下士、知人善用

历史上很多有作为的君主，并非本人有过人的谋略，而是善于发现并使用有谋略的人才。选准了人才，用好了人才，这就是国君的"谋略"。论谋略，刘邦曾说运筹帷幄他不如张良，攻城陷阵他不如韩信；刘备也说过不及诸葛孔明，他得孔明"如鱼得水"。可是，我们能据此就断言刘邦、刘备就是无谋吗？

曹刿本是一名介衣，他不顾当时"不在其位，不谋其政"的腐朽教条，毛遂自荐地参加了保卫国家的战争，并

充分显示了自己的军事才能,使这场反侵略战争以少胜多、以弱胜强。读完课文,在受到曹刿这种爱国主义精神感动之时,应该进一层思考:作为普通庶民的曹刿,为什么会一跃而成为战争的指挥者?显而易见,这是由于鲁庄公的起用。当时的形势是霸道的齐国悍然侵犯鲁国,就在这国家危亡的紧急关头,鲁庄公接受了曹刿的"请见",一旦发现人才,立即重用,这种大胆举措,在历史上是极罕见的。在那种时代,人的尊卑贵贱,等级森严,历史上多少君王识才却妒才,弃之不用。鲁庄公打破当时的尊卑樊篱,从国家大局出发,以国家利益为上,知人善用,起用曹刿,可见他非常重视人才。倘若不遇明主,或许仍没于草野之间。重用人才,自然要建立在识才的基础上。鲁庄公当然不会盲目地、轻而易举地对曹刿委以重任。接见曹刿,与之交谈,这其实就是鲁庄公对曹刿的考察。经过深思熟虑,对曹刿取得信任,这才把战争的指挥权给他。由此可见,鲁庄公是一位爱惜人才、知人善任的君主。

二、从善如流、虚心纳谏

文章一开始,便交代了鲁国面临大敌压境的危急形势,就在这军机倥偬之际,鲁庄公仍能拨冗接见曹刿。而曹刿参见时,不是开门见山地进献安邦定国之策,而是直直劈劈地问:"凭什么作战?"语气颇为不善,大有咄咄逼人之势。鲁公则耐心地回答,曹刿却又一一否定。往来三个回合,才得到曹刿的肯定。在庄公和曹刿对话的过程中,我们容易忽略的一点是:此次论战不是庄公问计,曹刿回答,而是曹刿反客为主,接连三问,步步紧逼。这当然表现了曹刿不凡的勇气,可是,面对自己反主为客的尴尬处境,庄公不仅没有表现出丝毫的不耐烦,而且一次比一次回答地深入,他的耐心、沉着和远见不是在这里尽显了吗?这番对话,显然是在较为民主的气氛中进行的,因为鲁庄公几乎在接受曹刿的"面试"。

鲁庄公摒弃统治者的尊严,虚心倾听平民意见,战争经过最能证明这一点。战场上,曹刿与庄公同坐一辆战车。战争一开始"将战",庄公"将鼓",曹刿说"未可",庄公要击鼓进军,曹刿阻挡。等齐人三鼓,曹刿要求进军,庄公听从。齐军大败,庄公要追击,曹刿阻挡;等辨明敌情,曹刿认为可以追击,庄公听从。在这里,曹刿共讲了四句话,这四句话是曹刿向庄公的进言建议,而不是对全军的命令。但是鲁庄公身为国君,放下君主的架子,不固执己见,善纳雅言,不断采取曹刿的正确的指挥方案,所以大获全胜。如果鲁庄公不能放下统治者的架子,在战争的任何一个环节稍一武断,后果肯定不堪设想。获胜之后,庄公没有得意忘形、骄矜贪功,而是虚心向曹刿请教战胜的原因。"知之为知之,不知为不知",这对于一个普通人来说是一种美德;对于君主来说,则实属难能可贵。况且,作为君主既不可能样样精通,关键在于是否能辨识孰是孰非、能起用"是者"。鲁庄公能做到这一点,表明他至少是一个明智的国君。可见,鲁庄公具有乐于纳谏、从善如流的精神。这也正是战争取胜的重要原因。

三、体恤民情、爱国护民

我们再仔细看看文中所写的鲁国应战的准备。这场齐鲁之战,鲁国一方的性质是反侵略的、正义的,但是能不能使人民同仇敌忾地奔赴疆场,这还需要取信于民。曹刿很重视战前的政治准备,这比当时的统治者高出一等。曹刿问鲁庄公凭什么作战,鲁庄公的最后回答是:"小大之狱,虽不能察,必以情。"大大小小的案件,即使不能一一明察,也要根据实情。曹刿认为"忠之属也,可以一战"。也就是说,这是忠于职守的表现,可以凭这应战。这种取得民心的政治资本,完全是鲁庄公平时施政过程中的长期积累,而不在于曹刿的临时总结,只不过鲁庄公自己没有认识到这一点罢了。当时社会动荡、诸侯征战,一般国君专事鱼肉人民,哪里谈得上对老百姓宽厚仁慈?而鲁庄公的这句话,从侧面说明他比较仁德。只有深谙"得民心者得天下"道理的人,才能做到体察情、以德治国。

当然,由于历史的局限和阶级的局限,作为二千六七百年前的奴隶主,鲁庄公不可能完美无瑕。庄公其人,论谋略虽不如曹刿,但不能简单地说他无远谋。在庄公十年的这场著名的长勺之战中,如果说曹刿深谋远虑、机警持重,建立了不朽的功勋,那么,鲁庄公知人善任、从善如流,在战争中起了决定性的作用。长勺之战,鲁庄公是有功劳的。

(作者:李芳妹、韩东霞;选自《现代语文(文学研究版)》2006年第8期)

读写津梁 ★★★★★

我们为什么要读经典

前年暑假,有一天半夜12点,我接到南京师范大学何平老师的电话。他告诉我,暑假他带了一帮学生在苏南的一个村庄做阅读调查。在拿到最终的问卷之后,他大吃一惊,发现这个村庄的人只读一本杂志。这本杂志是湖北的,曾经红极一时。我当时半天无语,这个记忆一直延续到现在。

我一直在问自己,也在自己的作品中尝试寻找一些答案,什么是文化?什么是文学?什么是艺术?人活在世上那么短暂,我们究竟需要什么?到目前为止我唯一的答案就是,要从我们的生活当中去发现、寻找、追求那些比我们目前的生活状态要高一些,比我们本来的精神状态要好一些的东西,这样才能丰富自己,我们的生命才会有格调。

那么,我们为什么要将自己的格调降低呢?说一个更直接、更现实的问题,如果我们现在所有的城市、所有的村庄、所有的街道都只读那本被奉为"经典"的杂志,那后果一定是令人担忧的。

文学存在的意义就在于它的经典性,文学一旦背离了经典,将荡然无存。这是真正的文学和一般的通俗阅读、通俗读物的区别,所以经典文学不会很多,那么多作品经过大浪淘沙后最后出现几部经典作品,这就是真正文学的精品所在。

对一个写作者来说,文学的意义在于,要表现出作为当下人的态度,站在当下回望过去。文学写作往往会比当下社会发展的步伐慢半拍,这样作者才能安静下来去思考和表达。文学所体现的是历史的精神走向,若不良之风盛行时,这种精神走向的偏移会使社会向不良方向发展,也正因为这种偏移才凸显了经典文学在当下的价值所在。

文学一定是不低俗的,时间和历史对文学的选择非常严酷。一个民族的文学,必须要表达这个民族的灵魂力量,就像是林黛玉教香菱学诗时所说的奇句子:"词句究竟还是末事,第一立意要紧。"

从阅读之初、写作之初一直到现在,我都始终相信我们这个民族的伟大。我们的伟大之处,不是经常被我们自己所批判的阿Q精神,而是阿Q精神背后更深远、更博大的精神,比如说林黛玉不向世俗妥协的性格、比如说项羽"力拔山兮气盖世"的气概,我认为这才是属于我们民族的好女子和真正男子汉精神。

所以,对于青年人来说,恐怕重要的还是要重读经典,毕竟经典是经过几千年、几百年积淀下来的,是文化当中最有益的那一部分。现在有许多年轻人不喜欢读经典,也许要经历一阵子才能慢慢理解经典的价值。我年轻时也很叛逆,我也嘲笑、瞧不起很多传统,甚至对经典不屑一顾,也曾胆大妄为,不知天高地厚。

我还有一个感悟,读书要趁早,不

是出名要趁早。晚了就读不进去，晚了就悔之晚矣，现在年龄大了，有些书读了一遍进不去，你的脑子装不住。年轻时读的书，真的是受用一辈子。现在年轻人喜欢看互联网上的东西，我个人觉得，互联网往往助长从众心理，大家一致说好的东西越多，粉丝就会越多、点击量就会越高。阅读的自由是有了，但是否有独立性呢？我家的孩子，我也经常说他们，同龄人读同龄人的东西，你们感觉到很出气、很酣畅，但是年轻人应该注意，网上阅读不只是寻找共鸣和消遣的，阅读最重要的功能就是提升你自己的修养，如果读了之后觉得像什么都没有读一样，这样的阅读是无效的。

（作者：刘醒龙；选自《渤海早报》渤海潮副刊，2013年8月7日。有删节）

文史广角

《战国策》纵横谈

《战国策》一书，自班固《汉书·艺文志》起，就归入《史记》一类史书中。现在的文学史著作中，《战国策》几乎毫不例外地和《左传》《国语》等一道，被放在历史散文或史传文学之内。然而，如果我们把历史书籍限制在真实记载历史事件过程和历史人物言论（所谓"记事""记言"）上，而不是所有具有史料价值的文字记载都算作史书的话，《战国策》属于史书的论断是值得怀疑的。

《战国策》中许多故事都是虚构而成。有一种属于辩士所做的寓言，像《楚策》里写某人夺食献给楚王的"不死之药"，此事只供一噱，一看就是游戏笔墨。再一种是依托真人，虚构事情，所谓"游士假设之辞，遽以名字加之者"。《战国策》记载的纵横家苏秦的事迹很多，但据唐兰先生撰文所述，《秦策》中写他西游秦国上书连横，而事不成发愤读书，一朝显贵傲视妻嫂等事，纯属好事者以意为之。

《战国策》史学价值贬值，并非一件十足的憾事。史学家掩卷之处，恰恰给研治文学者开辟了新的天地。书中那些异想天开的传奇故事，超出了"已然之事"的限制束缚，其可读性超过了一些历史散文，可惜这方面未能受到应有的重视。

战国时期一个重要的社会特征是，以知识分子为主体的"士"阶层崛起。他们活跃在社会各个领域，成为一股不可忽视的社会力量。这一点从当时养士之风盛行即可见一斑。面对时代提出的基本课题——结束战争动乱，求得统一的局面，建立新的社会政治制度，实现新的平衡和安定，总结研究生产科学知识，提出和探讨人们急于解决的各种命题——由于阶级立场和生活层次的差异，参与社会生活的范围、观察社会的角度不同，自然会产生各种各样的学派。

战国纵横家的轮廓概貌约略反映在《战国策》中。它与诸子百家显著不同，好像算不上正经的学派。先秦诸子一般都有自己的学术命题和相对完整的理论体系，学派代表人物是理论上有所建树的学者，或著书立说或聚徒讲学，形成以理论——人为核心的群体组织形式。如儒家孔、孟，道家老、庄，兵家孙、吴等等。但纵横家学派（如果还称得上学派）却缺乏起码的理论兴趣，他们无意于对社会生活任何一个领域进行理论探讨研究，说辞中片断式的政治理论也是驳杂不一、互相矛盾，属于迎合对方的即兴发挥，缺少严密的论证。

《战国策》记载上层政治斗争的内幕生活，诸如审时度势、权衡利弊、尔虞我诈、阴谋暗算等等，大至国家之间的外交策略，小至人际关系的处理，都加以绘声绘色的描写。值得注意的是，《战国策》里淡化了权力、地位在决策过程中的作用，突出强调人的智慧因素。阅历丰富、远见卓识的老臣触龙，比起刚愎自用、一意孤行的赵太后，同样为长安君将来着想，前者深谋远虑，要高明得多。触龙巧妙进谏步步深入，也表现出非凡的才智。究其原因，纵横家策士主要来自社会下层，往往以一介匹夫参与时政，所以决定他们凭靠的资本是智力。只有具备非凡的见识、过人的辩才，才能博得君主赏识重用，得到施展才能的机会。

策士之中，既有在危难时刻，出奇策异智，转危为安，运亡为存，成为大济苍生的功臣，也有为一己私利、个人恩怨，极尽挑拨离间之能事的小人。从纯粹道德的角度看，这两种人难以相提并论。但《战国策》里却不加区别混杂在一起，同样当成智者来美化。齐人陈珍用"画蛇添足"的寓言劝阻楚国将领昭阳攻打齐国，郑袖为专宠而设计陷害魏美人，前者出于高尚的爱国动机表现的机智与后者的阴谋毒辣，《战国策》一样抱着赏玩的态度娓娓道来，不能不说是尚智主义的一个缺陷。

《战国策》这种超道德的态度，受到后世儒家学者的指责，曾巩怒斥策士是"世之大祸"。其实，这与其说是一些纵横家道德沦丧的原因，不如说是"上无天子，下无方伯，力功争强，胜者为右"的时代风气所致。

每一种思想都有它产生的时代。

《战国策》强烈的尚智主义倾向和功利主义价值观点，说明了如下历史事实：随着社会进步发展，王纲解体、礼崩乐坏，传统社会政治体制趋于崩溃，旧的观念失去约束力，祖宗佑护和神灵降福都失去了往日的灵验。再者，生产发展技术提高，战争不再是赤裸裸的蛮力搏杀，更大程度上取决于智力较量。总之，政治、军事、外交等方面，决策者的水平愈益显示出重要意义。然而统治阶级大多数昏庸腐朽，难以胜任，决策的职能分化，使策士阶层的出现有了客观条件。历史将他们推上历史舞台，并产生举足轻重的影响。只有从上述社会背景上，才能理解为什么会出现策士"一怒而诸侯惧，安居而天下熄"的情形。

《战国策》中生动精彩的传说故事，纵横家通过艺术形象观照自身，并且在"策士英雄"身上寄托理想、愿望。因此，在人物描写方面，它与《左传》《国语》等历史散文有所不同。

先秦历史散文旨在再现具体的历史过程，由于当时历史发展和认识水平的限制，还不可能看清人在历史活动中的决定作用。虽然《左传》等书已经注意到历史人物的性格刻画，注意到政治斗争中人的因素的重要性，但是，仍然未能免去宿命的思想。《左传》里写了许许多多的梦兆，吉凶占卜，疑神弄鬼，这种神秘的色彩所暗示的"天意"，冲淡削弱了人物的性格魅力，而策士传奇的作者无所顾忌地声称"孟尝君为相数十年，无纤介之祸者，冯谖之计也""安陵以五十里之地存者，徒以有先生也"。作者高扬人的素质，重视人的主体能动作用，表达了一种乐观的社会意识。《战国策》的"策士传奇"，把刻画人物性格放在首位。我们可以看到，策士英雄被写成智慧超群和意志坚强的人。一方面他们具有广博的知识和深刻的洞察力，少了儒生式迂阔不切世情的言论，且了解人情世故，睿智而机敏。另外，还能言善辩。《战园策》里的许多寓言故事，都凝聚着生活智慧。另一方面，为完成使命并达到目的，他们往往百折不挠，决不半途而废。苏秦游说失败，受到家人冷遇，乃夜发书，读书欲睡时引锥自刺其股，终成一代名相。这和坚忍执着的精神，与息事宁人、不思振作的萎靡心理不可同日而语。

另一个值得注意的现象是，策士英雄具有独立的人格和人的尊严。常有人把策士看成毫无人格、利令智昏、饰言巧辩和玩世不恭的小人，其实这是误解。他们自尊自信，不同于屈从人意、调笑取乐、处于奴才地位的宫廷倡优。

而纵横家从某种意义上说，追求权利与义务的统一的理想，纠正了这种片面性。因此策士形象多数具有豪迈不羁的性格，就不是偶然的了。后世漫长的封建社会中，逐渐压抑和埋没了这样的自由人格，在幕僚身上，已经失去了前代策士的那种豪气了。

（作者：宁静。有删节）

苏轼与王安石的巅峰对决

王安石：高调的理想主义者

有人说，苏轼的困境，来自小人的包围。所以，苏轼要"突围"。这固然不假，但在苏轼的政治生涯里，从来没有摆脱过小人的围困。实际上，奠定了苏轼一生政治悲剧的，非但不是小人，相反是一位高士，那就是他一生最大的政敌——王安石。苏轼与王安石的冲突，似乎是命中注定，他们谁也躲不开。

当时的宋朝，虽承平日久，外表华丽，但内部的溃烂，却早已成了定局。早在十多年前，王安石就曾写下长达万言的《上仁宗皇帝言事书》，痛陈国家积弱积贫的现实：经济困窘、社会风气败坏、国防安全堪忧。正是这纸万言书，一举奠定了王安石后来的政治地位。

宋神宗赵顼1067年即位，这年四月里的一个早晨，宋神宗召请王安石入朝。那个早上，汴京的宫殿像往常一样安静，46岁的王安石踩着在夜里飘进宫墙的飞花，脚下发出窸窸窣窣般的声响。我猜想，那时的王安石，表情沉静似水，内心一定波澜起伏，因为大宋王朝的命运，就将在这个早上发生转折。他尽可能维持着均匀的步点，穿越巨大的宫殿广场，走进垂拱殿时，额头已经漾起一层微汗。在空荡的大殿中站定，跪叩之后，仰头与宋神宗年轻清澈的目光相遇。那一年，宋神宗19岁，庄严华丽的龙袍掩不住他身体里的欲望与冲动。他问王安石："朕治理天下，要先从哪里入手？"王安石神色不乱，答曰："选择治术为先。"宋神宗又问："卿以为唐太宗如何？"王安石答："陛下当法尧舜，唐太宗又算得了什么呢？尧舜之道，至简而不烦，至要而不迂，至易而不难。只是后来的效法者不了解这些，以为高不可及罢了。"宋神宗说："你是在责备朕了，不过，朕扪心自问，不愿辜负卿意，卿可全力辅佐朕，你我君臣同济此道。"

自那一天起，年轻的宋神宗就把所有的信任给了王安石，几乎罢免了所有的反对派，包括吕公著、程颢、杨绘、刘挚等。于是有了历史上著名的"王安石变法"，又称"熙宁变法"。

苏轼初出茅庐，却站在反对王安石的行列里。他不是反对变法，而是反对王安石的急躁冒进和党同伐异。《宋史》说王安石"果于自用"。他的这份刚愎，不仅在于他不听反对意见，不能团结一切可以团结的力量，更在于他不屑于从"庆历新政"的失败中汲取教训。

苏轼知道，无论多么优美的纸上设计，在这块土地上都会变得丑陋不堪——惠及贫苦农民的"青苗法"，终于变成盘剥农民的手段；而募役法，本意是让百姓以赋税代兵役，使人民免受兵役之苦，但在实际操作中，又为各级官吏搜刮民财提供了堂皇的借口，每人每户出钱的多寡，根本没有客观的标准，而全凭地方官吏一句话。王安石心目中的美意良法，等于把血淋淋的割肉刀，递到各级贪官污吏的手中。

苏轼深知这变法带来的恶果。但此时的宋神宗，面对一个墨守成规、不思进取的朝局，急于做出改变，他对文彦博说："天下敝事甚多，不可不革。"宋神宗的急切、王安石的独断，让关心政局的苏轼陷入深深的忧虑。

苏轼：以卵击石，直言进谏

苏轼敏锐地意识到，目前正是一个危险而黑暗的时代。那时的他，纵然有宋神宗赏识，却毕竟人微言轻。他可以明哲保身，但他是个任性的人，明知是以卵击石，却仍忍不住要发声。

熙宁三年（1070），天子御试，不考诗赋，专考策论，目的是广征言路。那次考试，苏轼是考官，吕惠卿是主考官。

然而当时的举子，别的没有学会，迎合上级却已是行家里手，他们知道当朝皇帝和宰相都是主张变法的，所以在考卷中，他们个个声言变法的伟大，以媚时君。最出格的，要数一个名叫叶祖洽的考生，他在策略中说："祖宗法度，苟且因循，陛下当与忠智豪杰之臣合谋而鼎新之。"苏轼、宋敏求两位考官都主张将此卷黜落，没想到主考官吕惠卿，将叶祖洽的考卷擢为第一。这让苏轼大为光火，上书警告皇上说："臣恐自今以往，相师成风，虽直言之科，亦无敢以直言进者。风俗一变，不可复返，正人衰微，则国随之，非复诗赋策论迭兴迭废之比也。"

说过这些话，苏轼还没有过瘾，索性借用这一次的考题，写了一篇《拟进士对御试策》，一针见血地指出：

"古之为医者，聆音察色，洞视五藏，则其治疾也，有剖胸决脾、洗濯胃肾之变。苟无其术，不敢行其事。今无知人之明，而欲立非常之功，解纵绳墨以慕古人，则是未能察脉，而欲试华佗之方，其异于操刀而杀人者几希矣！"

宋神宗声色不动，沉稳而不骄矜，他把苏轼的策论交给王安石。王安石看了，说苏轼才华很高，但路子不正，因为在官场上不能如意，才会发表这样的歪理邪说。

宋神宗还是有主见的。放下苏轼的策论，他决定立刻召见苏轼。那是熙宁四年（1071）正月，垂拱殿里，他第一次见到传说中的苏轼。那一年，苏轼34岁。

宋神宗说："朝廷变法，得失安在？哪怕是朕个人的过失，你也可坦白指陈，无须避讳。"

苏轼深知自己人微言轻，但皇帝的此次召见，说明他的上疏正在发生作用，或许，这是扭转帝国危局的一次机会。所以，他丝毫没有准备闪躲。他说："陛下有天纵之才，文武兼备，然而当下改革，不怕不明智，不怕不勤政，不怕不决断，只怕求治太急，听言太广，进人太锐。所以，还以从容一些、安静一些为好，观察效果之后，再做处置。"宋神宗听后，陷入长久的沉默。

苏轼进一步说："一切政治制度和法律的变革，都应该因应时势而逐渐推行。生活与风俗变化于先，法律制度革新于后。宛如江河流转，假如用强力来控制它，只能适得其反。"

那一次，面对神宗，苏轼说出了憋闷已久的话。他说得痛快，宋神宗静静地聆听着，一直没有打断他。等苏轼说完，宋神宗才略微沉吟了一下，表情温和地说："卿之言论，朕当熟思之。凡在馆阁之官员，皆当为朕深思治乱，不要有所隐瞒。"

宋神宗的召见，让苏轼看到了希望。他难以抑制自己的兴奋，把这件事说给朋友听。但他还是太年轻，太缺乏城府，如此重大的事件，怎能向他人述说？宋神宗召见苏轼一事，就这样被他自己走漏了风声，而且，这风声必然会传到王安石的耳朵里，让他有所警觉，有所准备。

召见苏轼后，宋神宗也的确感觉苏轼是个人才，有意起用他，做起居注官。那是一个几乎与皇帝朝夕相处的职位，对皇帝的影响，也会更大。但王安石早有准备，力阻此事，任命苏轼到开封府，希望这些吃喝拉撒的行政事务，捆住苏轼的手脚。

但苏轼没有忘记国家的危机，写了长达 3400 余字的《上神宗皇帝书》。

苏轼后来对好友，也是欧阳修的门生晁端彦说："我性不忍事，心里有话，如食中有蝇，非吐不可。"

六　浩然正气

他的命运,也因此急转直下。

(作者:祝勇;选自《在故宫寻找苏东坡》。有删节)

趣味语文

舌尖上的三国

其实,舌尖上的三国叙事没有太多可说,除了喝酒,《三国演义》所有的食馔都是虚写,所有的宴飨都成了一种礼仪场面(或是埋伏了刀斧手的外事活动),书中很少提及食物本身。

饮馔之事藏凶险

三国叙事不能谈吃,提及饮馔之事,明里暗里都有凶险之象。小说中这类事情甚多,不妨略举数例。

如,董卓于省台大宴百官,闻说司空张温暗通袁术,当场命吕布将其脑袋割下,众官面面相觑,一个个吓得小脸煞白(第八回)。可吕布一转身进了王允的密室,二人推杯换盏之时,已注定董卓灭亡之期(第九回)。

后来李傕、郭汜交恶,起因就是郭汜常往李傕府中饮宴,太尉杨彪趁机向郭妻灌输一整套饭局阴谋论(第十三回)。再往后,王子服等人衣带诏事泄,便是在曹操夜宴上被拿下(第二十三回)。曹操煮酒论英雄,让刘备心惊肉跳,饮酌之际竟闻言失箸(第二十一回)。

刘备赴宴,多半是朝刀斧上撞去,赤壁大战前往樊口见周瑜,饮宴之际岂知壁衣中密密麻麻排满刀斧手(四十五回);后来赴东吴招亲,周瑜又在甘露寺导演这一幕(五十四回)。前一次因关羽护驾人家不敢下手,后一次幸而吴国太认了这门亲,这才化险为夷。

说来,东吴一班人最擅长在饭局上摆弄刀斧剑戟。就连老实人鲁肃也动起这般歪脑筋,在陆口临江亭摆下酒宴,本想逼关羽归还荆州,却弄出个关公流芳千古的单刀会(六十六回)。许多年之后,东吴大将军孙綝擅权僭主,吴主孙休用老将丁奉之计剪除之,在鼎食钟鸣的宫廷筵席上将他摁住(一百一十三回)。

之前,太傅诸葛恪专权恣虐,正是被吴主孙亮和掌管御林军的孙峻以同样的方式干掉(一百零八回)。孙綝乃孙峻从弟,孙峻死后权柄尽归于他,可是他忘了当年孙峻正是在饭局上搞掉了诸葛恪。这样的桥段真是屡见不鲜。

死亡与饮馔相偕而行

《三国演义》只有为数不多的几处提到具体食物名称,而且都称不上什么美馔佳肴。读者最有印象的一物,大概就是曹操之"鸡肋"了。曹操拿不下汉中，屯兵斜谷，此际进退不得，心中颇纠结。庖人送来鸡汤，正好夏侯惇入帐禀问夜间口令，老曹瞥见碗中鸡肋，随口以"鸡肋"为口令。鸡肋者，食之无肉，弃之可惜，主簿杨修由此悟出曹操已有归计，结果招来杀身之祸（七十二回）。

还有，就是袁术最后的午餐或是晚餐，厨子端来麦饭，他嫌饭粗，不能下咽。兵败之时军中只剩三十斛麦麸，许多人都饿死，这厮竟要厨子拿蜜水来止渴。厨子说："止有血水，安有蜜水！"袁术听了，大叫一声，呕血斗余而死（二十一回）。生命以食物为保证，死亡却与饮馔相偕而行。

以饮食名义加诸死亡之实，还有更具隐喻性的一例，就是曹操的谋臣荀彧之死。荀彧反对曹操晋魏公加九锡，使曹操忌之恨之，派人给荀彧送去"饮食一盒"。盒上有其亲笔封记，臣僚得到这种赏赐应该是莫大的荣耀，可是打开食盒，里边空无一物。"（荀）彧会其意，遂服毒而亡"（六十一回）。

大书饮酒之事

《三国演义》不写人们吃什么，倒是大书饮酒之事。

开篇第一回，写刘备、张飞看招军榜文而觉意气相投，"玄德甚喜，遂与同入村店中饮酒"。随后又来了关羽，"入店坐下，便唤酒保，'快斟酒来吃，我待赶入城去投军'"！桃园结义之前，是乡村小酒店将刘关张撮合到一起，然后才有桃园中宰牛设酒、痛饮一醉一事。然后来了两位中山商客赞助金银马匹，又是置酒款待。"上报国家，下安黎庶"之前，哥几个已是喝得昏天黑地。

《三国演义》写各种人物饮酒，自有不一样的情态。赤壁大战前曹操踌躇满志，喝得头重脚轻，立于船头横槊赋诗，这时被扬州刺史刘馥扫了兴致，竟"手起一槊，刺死刘馥"（第四十八回）。

各色人物中，赵云是一特例。此人堪称完美形象，饮酒不乱性，亦是模范。诸葛亮拿下南郡后，命赵云取桂阳，郡太守赵范纳降，还与赵云结为兄弟。赵云入城之日，赵范在衙署设宴招待，"酒至半酣，（赵）范复邀（赵）云入后堂深处，洗盏更酌，云饮微醉，范忽请出一妇人，与云把酒"，赵范是要将自己孀居的嫂嫂介绍给赵云为妻。岂料赵云大怒而起，厉声曰："吾既与汝结为兄弟，汝嫂即吾嫂也，岂可作此乱人伦之事乎！"赵范大概没想到这一茬，巴结不成反倒惹了麻烦。赵云将伦理正确看得比什么都重要，后来诸葛亮都责怪他，"此亦美事，公何如此？"

刘备还想为之撮合，赵云坚辞不允。难怪毛宗岗夹批中称其"道学之极"（五十二回）。

小说最后一回，也有一番很特别的饮酒文字。镇守襄阳的羊祜与东吴陆抗各守疆界，却是互有通问，长相往来。羊祜叫军士送还东吴这边射杀的猎物，陆抗闻说羊祜善饮，便让来人送去自用佳酿。羊祜部下恐有奸诈，说是这酒千万不能喝，羊祜不听，竟"倾壶饮之"。毛宗岗批曰："关公饮鲁肃之酒是一片神威，羊祜饮陆抗之酒是一团和气。"说得也对。

小说里难得有这样一段温情文字，敌对双方将领改变不了战争格局，却在酒壶中传递着一份关爱——岂止惺惺相惜，也是天下苍生之念。

（作者：李庆西；选自《书城》2017年第8期。有删节）

七　重温经典

古今中外，各个知识领域中那些典范性、权威性的著作，就是经典。那些重大原创性、奠基性的著作，更被单称为"经"，如《老子》《论语》《金刚经》。有些甚至被称为"经中之经"，位居群经之首，如《易经》等。

重温一部经典，胜读杂书万本。经典在握，品茗细读，就是与经典同行，与圣贤为友。经典文学的魅力在于其蕴含的深刻内涵，它们不是粗糙的文化快餐，如果你可以静下心来，让自己徜徉于一段段朴实无华的经典段落中，一定能获得意想不到的收获，一定会找到一种敲击灵魂的声音。

经典导读

《大学》

《大学》是一篇论述儒家修身治国平天下思想的散文，原为《礼记》第四十二篇。相传为曾子所作，是一部中国古代讨论教育理论的重要著作。宋朝程颢、程颐兄弟把它从《礼记》中抽出，编次章句。后来，朱熹又作《大学章句》，最终和《中庸》《论语》《孟子》合编注释，称为"四书"，从此《大学》成为儒家经典。宋元以后，《大学》成为学校官定的教科书和科举考试的必读书，对中国古代教育发展产生了极大的影响。

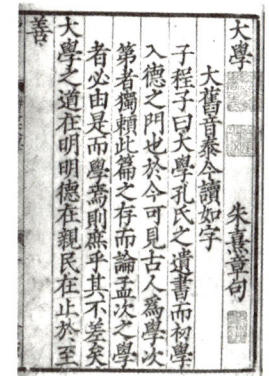

《大学》有"经"一章，"传"十章。有人认为，"经一章盖孔子之言，而曾子述之；其传十章，则曾子之意而门人记之也。"就是说，"经"是孔子的话，曾子记录下来；"传"是曾子解释"经"的话，由曾子的学生记录下来。

《大学》的版本主要有两个体系：一是经朱熹编排整理，划分为经、传的《大学章句》本；一是按原有次序排列的古本，即《礼记》中的《大学》原文。在这两个版本中以朱熹《大学章句》本，流传最广、影响最大。

"大学"是相对"小学"而言，是说它不是讲"详训诂，明句读"的"小学"，而是讲治国安邦的"大学"。"小学"即"洒扫应对进退，礼乐射御书数"；"大学"是大人之学，古人十五岁入学，学习伦理、政治和哲学等"穷理正心，修礼治人"的学问，实则是学习如何参与国家政治。

《大学》中提出的"三纲领"（明明德、亲民、止于至善）和"八条目"（格物、致知、诚意、正心、修身、齐家、治国、平天下），强调修己是治人的前提，修己的目的是为了治国平天下，说明治国平天下和个人道德修养的一致性。

《大学》全文文辞简约，内涵深刻，影响深远，主要概括总结了先秦儒家道德修养理论，以及关于道德修养的基本原则和方法，对儒家政治哲学也有系统的论述，对为人处事、治国等有深刻的启迪性。

（一）
《大学》经典选读

大学之道，在明明德，在亲民，在止于至善。知止而后有定，定而后能静，静而后能安，安而后能虑，虑而后能得。物有本末，事有终始，知所先后，则近道矣。

古之欲明明德于天下者，先治其国；欲治其国者，先齐其家；欲齐其家者，先修其身；欲修其身者，先正其心；欲正其心者，先诚其意；欲诚其意者，先致其知；致知在格物。

物格而后知至，知至而后意诚，意诚而后心正，心正而后身修，身修而后家齐，家齐而后国治，国治而后天下平。

自天子以至于庶人，壹是皆以修身为本。其本乱，而末治者否矣。其所厚者薄，而其所薄者厚，未之有也。

[译文]

大学的宗旨，在于弘扬光明正大的品德，在于使人弃旧图新，在于使人的道德达到最完善的境界。知道应达到的境界才能够志向坚定，志向坚定才能够镇静不躁，镇静不躁才能够心神安定，心神安定才能够思虑周详，思虑周详才能够有所收获。每样东西都有根本有枝末，每件事情都有开始有终结。明白了这本末始终的道理，就接近事物发展的规律了。

古代那些要想在天下弘扬光明正大品德的人，先要治理好自己的国家；要想治理好自己的国家，先要管理好自己的家庭和家族；要想管理好自己的家庭和家族，先要修养自身的品性；要想修养自身的品性，先要端正自己的心思；要想端正自己的心思，先要使自己的意念真诚；要想使自己的意念真诚，先要使自己获得知识；获得知识的途径在于认识、研究万事万物。

通过对万事万物的认识、研究后才能获得知识，获得知识后意念才能真诚，意念真诚后心思才能端正，心思端正后才能修养品性，品性修养后，才能管理好家庭和家族，管理好家庭和家族后才能治理好国家，治理好国家后天下才能太平。

上自国家君主，下至平民百姓，人人都要以修养品性为根本。若这个根本被扰乱了，家庭、家族、国家、天下要治理好是不可能的。如果不分轻重缓急，本末倒置却想做好事情，这也同样是不可能的！

[解读]

这里所展示的，是儒学"三纲八目"的追求。所谓"三纲"，是指明明德、亲民、止于至善。它既是《大学》的纲领旨趣，也是儒学"垂世立教"的目标所在。所谓"八目"，是指格物、致知、诚意、正心、修身、齐家、治国、平天下。它既是为达到"三纲"而设计的条目，也是儒学为我们所展示的人生进修阶梯。

纵览"四书五经"，我们发现，儒家的全部学说实际上都是循着这"三纲八目"而展开。所以，抓住这"三纲八目"你就等于抓住了一把打开儒学大门的钥匙。循着这进修阶梯一步一个脚印，你就会登堂入室，领略儒学经典的奥义。就这里的阶梯本身而言，实际上包括"内修"和"外治"两大方面：前面是"格物、致知，诚意、正心"是"内修"；后面是"齐家、治国、平天下"是"外治"。而其中间的"修身"一环，则是联结"内修"和"外治"两方面的枢纽，它与前面的"内修"项目连在一起，是"独善其身"；它与后面的"外治"项目连在一起，是"兼善天下"。2000多年来，一代又一代中国知识分子"穷则独善其身，达则兼善天下"（《孟子·尽心下》），把生命的历程铺设在这一阶梯之上。所以，它已不仅仅是一系列学说上的进修步骤，更是具有浓厚实践色彩的人生追求指导。它铸造了一代又一代中国知识分子的人格心理，时至今日，仍然在我们身上发挥着潜移默化的作用。

不管你是否意识明确，不管你积极还是消极，"格、致、诚、正、修、齐、治、平"的观念总是或隐或显地在影响看你的思想，左右着你的行动，使你最终发现，自己的人生历程也不过是在这儒学的进修阶梯上或近或远地展开。事实上，作为中国知识分子，又有几人是真正出道入佛的野鹤闲云、隐逸高士呢？说到底，依然是十人九儒，如此而已。

（二）
《大学》的价值与影响

1. 贡献价值

（1）《大学》提出了一个政治哲学纲领。《大学》以不长的篇幅使儒家思想理论化、通俗化，便于学者学习掌握，而儒家思想为封建王朝的稳固统治提供了保障。

（2）《大学》可以作为科学启蒙第一书，它提出的"诚意正心"是必备的科研心态，"格物致知"是认知的唯一途径，"止于至善"是追求臻美境界，"日日新"是强烈的创新意识。

（3）《大学》虽然有着主观唯心主义的哲学思想，但也有重要的朴素唯物主义哲学思想的论述，如提出的"物有本末，事有终始"，认知到事物发展的先和后；提出的"治本"，认识到治国的规律。

（4）《大学》作为"四书"之首，是儒学重要的思想载体。儒学作为中国传统政治的合法性依据，在中国古代廉政文化建设中扮演了重要的角色，产生了深远的影响。

（5）《大学》提出的经济思想是构建中国特色社会主义经济学最为有利的文化根基。如提出的"德本财末思想""财聚民散思想""生众用舒思想""先义后利思想"。

（6）《大学》提出的诚信思想对当代探讨诚信缺失的社会根源以及创建以人为本的政治理念具有重要的启发意义。

2. 作品影响

《大学》作为《礼记》中的一篇，它对于汉儒的思想有直接的启发意义。特别是在宋代理学勃兴后，借助科举的力量，使它发挥着极大的作用。《大学》强调了学习者自身的重视道德修养的提高，还强调了对社会的关心和参与精神，对形成良好的社会风气与促进社会发展都具有积极意义。《大学》所提出的"修、齐、治、平"思想，几乎成为读书人普遍的标准理想。这种思想主张积极入世，关心人民疾苦，努力改善民生，维护社会安定，对社会的繁荣稳定发挥了重要作用。

（三）名家评《大学》

名曰《大学》者，以其记博学，可以为政也。

——［东汉］郑玄

此《大学》之篇，论学成之事，能治其国，章明其德于天下。

——［唐］孔颖达

子程子曰："大学，孔氏之遗书，而初学入德之门也。"于今可见古人为学次第者，独赖此篇之存，而《论》《孟》次之。学者必由是而学焉，则庶乎其不差矣。

——［南宋］朱熹

中国政治哲学谓其最有系统之学，无论外国任何政治哲学家都未见过，都未说出，为中国独有之宝贝。

——孙中山

《中庸》

《中庸》是一篇论述儒家人性修养的散文，原是《礼记》的第三十一篇，相传为子思所作。经北宋程颢、程颐极力尊崇，南宋朱熹作《中庸集注》，最终和《大学》《论语》《孟子》并称为"四书"。

《中庸》书影

《中庸》提出的"五达道""三达德""慎独自修""至诚尽性"等内容，对的人为人处事，人性修养有重要影响，对人形成正确的人生观及价值观有指导意义。

（一）《中庸》经典选读

天命之谓性，率性之谓道，修道之谓教。道也者，不可须臾离也，可离非道也。是故君子戒慎乎其所不睹，恐惧乎其所不闻。莫见乎隐，莫显乎微。故君子慎其独也。喜怒哀乐之未发，谓之中；发而皆中节，谓之和。中也者，天下之大本也。和也者，天下之达道也；致中和，天地位焉，万物育焉。

［译文］

人与生俱来的自然禀赋称作天性，

遵循天性而行叫作道，按照道的原则修养叫作教。道是不可以片刻离开的，如果可以离开，那就不是道了。所以，君子在别人看不见的地方也是谨慎的，在别人听不见的地方也是有所戒惧的。越是隐秘的事情越是容易显露，越是细微的事情越是容易显现。所以，君子在一个人独处独知的时候，更要谨慎。喜怒哀乐各种感情没有表现出来的时候，叫作中；表现出来以后符合节度，叫作和。中是天下的根本；和是天下普遍遵循的规律。达到中和的境界，天地便各在其位，万物的生长就茂盛了。

仲尼曰："君子中庸，小人反中庸。君子之中庸也，君子而时中；小人之中庸也，小人而无忌惮也。"

[译文]

仲尼说："君子能中庸，小人违背中庸。君子之所以能中庸，是因为君子随时做到合度适中；小人之所以违背中庸，是因为小人无所顾忌。"

子曰："素隐行怪，后世有述焉，吾弗为之矣。君子遵道而行，半涂而废，吾弗能已矣。君子依乎中庸，遁世不见知而不悔，唯圣者能之。"

[译文]

孔子说："探寻隐僻的道理，做些怪诞的事情，后世也许会有人来记述他，称赞他，但我决不会这样做。君子按照中庸之道去做，但是中途改变，不能坚持下去，而我是决不会停止的。真正的君子遵循中庸之道，即使隐遁在世间一生不被人知道，也决不后悔，这只有圣人才能做得到。"

（二）
中庸之道概说

1. 主题思想

中庸之道的主题思想是教育人们通过自觉地进行自我修养、自我监督、自我教育、自我完善，把自己培养成为具有理想人格，达到至善、至仁、至诚、至道、至德、至圣、合外内之道的理想人物，从而共创"致中和，天地位焉，万物育焉"的"太平和合"境界。

2. 具体内容

（1）五达道。"五达道"主要是运用中庸之道调节五种人际关系。这五种基本人际关系是君臣、父子、夫妻、兄弟以及朋友之间的关系，《中庸》曰："君臣也，父子也，夫妇也，昆弟也，朋友之交也，五者，天下之达道也。"

（2）三达德。调节五种人际关系主要方式要依靠"三达德"。所谓"三达德"，就是智、仁、勇。智、仁、勇是天下通行的品德，可以用来调节上下、父子、夫妻、兄弟和朋友之间的关系的。智、仁、勇靠诚实、善良的品德意识来培植，靠力行实践来加固。所以《中庸》说："知、仁、勇三者，天下之达德也。"

（3）九经。"九经"就是通过中庸之道来治理天下以达到国家太平和合的九项具体工作。这九项工作是：修养自身，尊重贤人，爱护亲族，敬重大臣，体恤众臣，爱护百姓，劝勉各种工匠，优待远方来的客人，安抚诸侯。修养自身，就能够达到美好的人格；尊重人，就不至于迷惑；爱护亲族，叔伯兄弟之间就不会有怨恨；敬重大臣，治理政事就不至于糊涂；体恤群臣，士就会尽力予以报答；爱护老百姓，老百姓就会受到勉励；劝勉各种工匠，财货就能充足；优待远方来的客人，四方就会归顺；安抚诸侯，天下就会敬服。要做好这九项工作，就必须用至诚、至仁、至善的爱心去充分体现中庸的美好人格。做好这九项工作，也就处理调节好了九种人际关系。调节这九种人际关系是使天下国家达到太平和合理想的重要保证。

3. 主要原则

中庸之道的主要原则有三条：一是慎独自修，二是忠恕宽容，三是至诚尽性。

（1）慎独自修

这一原则要求人们在自我修养的过程中，坚持自我教育、自我监督、自我约束。《中庸》第一章就提出了这一原则。要求人们必须严格地自觉地进行自我修养，尤其在一个人独处的时候，更应该谨慎地进行自我反省、自我约束、自我教育、自我监督。在别人听不到自己讲话的地方也十分谨慎，不说违背道德的话；在别人看不见自己物为的地方，也时刻遵守中庸之道，做到至诚、至仁、至善、至圣，就必须坚持慎独自修的原则。坚持这一原则，其乐无穷，其用无穷，其功无穷。故《中庸》第三十三章云："君子之道，淡而不厌，简而文，温而理，知远之近，知风之自，知微之显，可与入德矣。《诗》云：'潜虽伏矣，亦孔之昭！'故君子内省不疚，无恶于志。君子之所不可及者，其唯人之所不见乎！《诗》云：'相在尔室，尚不愧于屋漏。'故君子不动而敬，不言而信。《诗》曰：'奏假无言，时靡有争。'是故君子不赏而民劝，不怒而威于鈇钺。《诗》曰：'不显唯德，百辟其刑之。'是故君子笃恭而天下平。"

（2）忠恕宽容

这一原则要求人们将心比心、互相

谅解、互相关心、互不损害、忠恕宽容、体仁而行、并行而不相悖。这一原则分别见于《中庸》第十三章、第三十章。

子曰："道不远人。人之为道而远人，不可以为道。《诗》云：'伐柯伐柯，其则不远。'执柯以伐柯，睨而视之，犹以为远。故君子以人治人，改而止。忠恕违道不远。施诸己而不愿，亦勿施于人。"

这一思想源于孔子，曾子将其概括以传于世。《论语·里仁》记载孔子告诫曾子的话："吾道一以贯之。"别的学生问曾参，这是什么意思。曾参说："夫子之道，忠恕而已矣。"忠恕是为仁之方。说孔子的思想核心是忠恕之道，也就是说孔子的思想核心是为仁、行仁。孔子说恕便是"己所不欲，勿施于人""夫仁者，己欲立而立人，己欲达而达人。能近取譬，可谓仁之方也已"。所谓"能近取譬"就是将心比心，就是忠恕之道的具体实施。

忠恕之道在《大学》里被称作"絜矩之道"。《大学》说："所恶于上，毋（勿）以使下；所恶于下，毋以事上；所恶于后，毋以从前；所恶于右，毋以交于左；所恶于左，毋以交于右：此之谓絜矩之道。"这就是"己所不欲，勿施于人"的忠恕之道。不论是忠恕之道还是絜矩之道，实质都是仁慈博爱，都是要求人们做到"我不欲人之加诸我也，吾亦欲无加诸人"（《论语·公冶长》）。

《中庸》继承并发扬了孔子的忠恕之道和《大学》的絜矩之道。进一步提出了"以人治人"，要求人们用爱自己的心去爱他人，用责备他人的心来责备自己，用自己的真诚忠恕去感召人、感化人、塑造人。只要坚持忠恕之道，人们就会相安无事、和平共处，人们就会达到素其位而行、无入而不自得焉、上不怨天、下不尤人的思想境界。所以《中庸》说："君子素其位而行，不愿乎其外。素富贵，行乎富贵；素贫贱，行乎贫贱；素夷狄，行乎夷狄；素患难，行乎患难。君子无入而不自得焉。在上位，不陵下；在下位，不援上。正己而不求于人，则无怨。上不怨天，下不尤人。故君子居易以俟命，小人行险以徼幸。子曰：'射有似乎君子，失诸正鹄，反求诸其身。'"

（3）至诚尽性

至诚尽性的原则是施行中庸之道的重要原则。《中庸》："唯天下至诚，为能尽其性；能尽其性，则能尽人之性；能尽人之性，则能尽物之性；能尽物之性，则可以赞天地之化育；可以赞天地之化育，则可以与天地参矣。"只有坚持至诚原则,才能充分发挥自己善良的天性;能够充分发挥自己善良的天性,就能感化他人、发挥他人的善良天性;能够发挥一切人的善良天性,就能充分发挥万物良天性;能够充分发挥万物的善良天性,就可以参与天地化育万物。便达到了至仁至善的境界;达到了至仁至善的境界,就可以同天地并列为三了。这就坚持至诚尽性原则所达到的理想境界,达到了这一理想境界也就找到了自己在宇宙间的真正位置。

孔子、子思观驹图 郭德福

(三)
君子中庸

孔子说:"中庸之为德也,其至矣乎!"(《论语·雍也》)这就把中庸说成了最高道德。中庸怎么会成为一种最高道德呢?主要原因,与文明的艰难历程有关。

人类在开始拓植文明之后的很长时间内,艰险的环境危及生存,不得不处处运用过度之力。面对荒昧,面对野蛮,面对邪恶,若不超常用力,怎么能够活下来?终于,活下来了,那又必定加倍地动用重力、暴力、武力进行自卫和惩罚。既然一切都以超常的形态出现,当然又会引发更加超常的报复。

时间一长,以暴易暴,成了人类生活的第一规则,几乎谁也免不了。连不少仁慈的宗教,也发动了一次次宗教战争。强大、威武、雄蛮,变为多数权势者和庇荫者的人格企盼,也成为大家的生存方略。在这种情况下,谁都不敢承认,却又不能不承认,人类正由越演越烈的杀伐程序走向自毁自灭。

一切都起之于过度用力,又以道义的借口让那些过度之力走向了极端主义。极端主义,听起来好像是一个现代命题,其实在遥远的古代已经是一个广泛渗透的意识形态。明白了这么一个整体背景,我们也就明白,孔子为什么要把中庸思想说成是最高道德了。他很明白,如果种种极端不受控制,人类的灾难必将无穷无尽;那么,靠什么来控制极端呢?一定不是另一种极端方式,而只能是中庸。

中庸思想要求:"执其两端,用其中于民。"(《礼记·中庸》)"执",是指执行和掌控，那也就是说，把两端掌控住了，只取用两端之间的"中"，才可能有利于万民。这个"中"，就是处于中间部位的一个合适支点。这个支点不同于两端，却又照顾着两端，牵制着两端，使两端不要"悬崖滑落"。因此，这个"中"，不仅避免了两端的祸害，而且也挽救了两端，所以成了最高道德。

孔子对这种思维的概括是四个字："允执厥中。"这里边的"厥"字，在古文中是代词，与"其"字同义，因此这四个字也可以说成"允执其中"。允，是指公允、实在。连在一起，就是好好地执行中庸之道。孔子坦陈，这个说法不是他自己发明的，而只是在复述古代尧帝对舜帝的嘱咐。那天，尧对舜说："咨！尔舜！天之历数在尔躬。允执其中，四海困穷，天禄永终。"（《论语·尧曰》）翻译一下，大体是：咳，你，舜啊！上天的命数已经落到你身上，好好地执行中庸之道吧。要是四海困穷，你的天命也就永远终结了。那么，舜是怎么做的呢？他的做法，就是上文提到的"执其两端，用其中于民"，完全没有辜负尧的嘱咐。你看，尧、舜，以及中华文明的其他创建者，都把上天命数、四海生机与中庸思想紧紧相连，可见其重要。"允执厥中"这四个字，我们还能在《尚书》中看到："人心惟危，道心惟微，惟精惟一，允执厥中。"（《尚书·大禹谟》）用通俗一点的话来说就是：人心崩溃，大道难见，唯一可行的，是好好地执行中庸之道。这也就是说，产生"人心惟危，道心惟微"的困局，全是因为脱离中道，走了极端。把中庸看成是至高无上的天理、天命、天道，这与"天人合一"的基本思维有关。中华文明的基础是农耕文明，紧紧地依赖着四季循环、日月阴晴，因此很清楚一切极端主义都不符合天道。夏日炎热到极端必起秋风，冬天寒冷到极端即来春天，构成一个否定极端主义的生态循环圈。

现代社会有一个重大误会，常常以为中庸是平庸，激烈是高尚。进一步，又把中庸者看成是小人，把激烈者看成是君子。但是，伟大的古代哲人告诉我们，事情正好相反。那些在两个悬崖之间低头为普遍民众找一条可行之路的，一定是君子；相反，那些在悬崖顶端手舞足蹈、大喊大叫、装扮勇猛的，一定是小人。所以又可回到我们这一论述的起点："君子中庸，小人反中庸。"这句话的另一种说法是："小人极端，君子反极端。"环视全人类，这种中庸思想，或者说这种从属于君子之道的中庸之道，为中华民族所独有。国外也有

"取中间值"的方法论，但不像中华民族那样，把中庸奉为至高，不可或缺。

中国的古代哲人把中庸看成是存亡的关键，而事实证明，中华文明确实成了人类古文明中唯一没有中断或湮灭的幸存者。据我本人对各大古文明遗址的实地考察、对比、研究，确认中庸之道是中华文明长寿的最重要原因。

正是这种坚守中间态、寻常态、随和态的弹性存在，使中华文明避过了无数次断裂和崩塌。相比之下，直到今天，世界上很多国家和民族，不管经济情况如何，都喜欢炫耀极端。要让他们了解中庸，执行中庸实在非常困难。

（作者：余秋雨）

好书荐读

卡勒德·胡塞尼：《追风筝的人》

《追风筝的人》是卡勒德·胡塞尼的代表作。小说的背景、人物、情节均紧密围绕着阿富汗这个国度展开，故事中真挚的情感和环环相扣的情节，深受广大读者的欢迎，因而成为一本超级畅销书。作者胡塞尼个人的经历，和小说里阿米尔的成长历程有些相似。他和阿米尔一样，出生和成长于阿富汗喀布尔市。胡塞尼15岁时随父母移民美国。移民前，他父亲是一名外交官，母亲则是一所学校的副校长，都是属于有社会地位的阶层。但移居美国后，父亲却成了一名保安，母亲是餐厅里的服务员，经济状况很差，甚至需要依靠社会福利来维持日常生活。巨大的转变和落差，是当时的移民必须面对的，不管是生活，还是自我、自尊，都需要重塑。

正是考虑到家里的经济状况，胡塞尼决定学医，以后好挣钱养家。他毕业于加州大学圣地亚哥医学系，后来如愿成为一名医生。他很喜欢医生这份工作。直到37岁，才开始创作第一部长篇小说——《追风筝的人》。没有太多创作经验的胡塞尼，唯一知道的写作方法就是想到哪里写到哪里，这不是高效率的写作方式，但正是通过一次次的调整、坚持、等待，才让故事最终浮现。但写完并不意味着万事大吉。被拒绝、被退稿，这似乎是每个想成为作家的创作者必须要经历的，而只有勇于接受现实并坚持着的人，才有可能熬到伯乐的出现。

胡塞尼的伯乐出现在2002年，当时国际政治发生了一些变动。这样的大背景下，这本书使大众得以用更人性化的视角来看待那些原本只在新闻里出现的人物、事件。而这，也正是胡塞尼希望做的事情。他书写阿富汗的故事，描摹

卡勒德·胡塞尼

在那里生活的人们，探寻他生命的源头，想要"拂去蒙在阿富汗普通民众面孔的尘灰，将背后灵魂的悸动展示给世人"。优质的文字总是能够被读者发现并喜爱，真实，是胡塞尼创作中最重要的原则。他说："被真相伤害，总比被谎言安慰好。"胡塞尼还说，人们之所以那么喜欢这本书，是因为故事中的人物和人们对于爱和牺牲的共同体验。他所书写的，不仅仅只是阿米尔和哈桑，也不仅仅是阿富汗、喀布尔，更是全人类心中潜藏的那份爱、那些为爱牺牲的体验。作为读者的我们阅读这本书时，不应该只把它当作一个故事、一篇小说。个人能看到和体会到的世界是有限的，好在阅读能够为我们认识世界的旅程插上一双隐形的翅膀。

阅读《追风筝的人》，我们除了能从阿米尔和哈桑的故事里体会到爱、谎言与救赎，更应该以此为契机，去适当地了解我们生活的世界之外的天空，那里一样上演着无数的故事和悲欢离合，更有许多我们不曾了解的历史。以前，哈桑是追风筝的人，风筝是他对阿米尔少爷的爱，是他所坚信的他们之间美好的友谊。现在，阿米尔是追风筝的人，风筝是他人格中必不可少的部分，是正直、善良、诚实，是父亲期望成为的他。将来，或许索拉博是追风筝的人，风筝是新生活的希望，不再有战争，不再有随意的杀戮，不再有歧视，不再有背叛……

一本好书、一个故事存在的意义，不仅是为了让我们消磨时光，更是为了让我们对自己的生活有所反思和改变。胡塞尼这本《追风筝的人》固然算不上完美，但是在这个故事里，我们收获了一个打动人心的故事，有所感触、有所收获。相信每一个用心读完这本书的人，都会永远记得这一句："为你，千千万万遍。"

试问：谁愿为我说"为你，千千万万遍"？我愿为谁说"为你，千千万万遍"？

如果你的人生里，有这样一位愿意对你说"为你，千千万万遍"的朋友或爱人，请一定要珍惜。你也是追风筝的人吗？你在追逐什么？

（一）
经典语句

1. 它只是一个微笑，没有别的了。

它没有让所有事情恢复正常。它没有让任何事情恢复正常。只是一个微笑，一件小小的事情，像是树林中的一片叶子，在惊鸟的飞起中晃动着。

2. 但我会迎接它，张开双臂。因为每逢春天到来，它总是每次融化一片雪花；而也许我刚刚看到的，正是第一片雪花的融化。

3. 被真相伤害总比被谎言欺骗好。

4. 多年过去，我曾见到无数家伙参与追风筝，但哈桑是我见过的人中最精此道的高手。十分奇怪的是，在风筝跌落之前，他总是等在那个它将要跌落的地方，似乎他体内有某种指南针。

5. 我只知道记忆与我同在，将美好的往事完美的浓缩起来，如同一笔浓墨重彩，涂抹在我们那已经变得灰白单调的生活画布上。

6. "如果你要求，我会的。"他终于说，眼睛直看着我。我垂下眼光，时至今日，我发现自己很难直视像哈桑这样的人，这种说出的每个字都当真的人。

7. 战争不会使高尚的情操消失，人们甚至比和平时期更需要它！

8. 为你，千千万万遍。

9. 我追。一个成年人在一群尖叫的孩子中奔跑。但我不在乎。我追。风拂过我的脸庞，我唇上挂着一个像潘杰希尔峡谷那样大大的微笑。

10. 许多年过去了，人们说陈年旧事可以被埋葬，然而我终于明白这是错的，因为往事会自己爬上来。

（二）
成长，就是与自己的一场博弈

喜欢一首歌，也许是因为这首歌正好唱出了你的心情；有感于一篇文字，也许是因为文字里道出了你的故事。

读完《追风筝的人》，我最大的感触就是通过主人公经历的种种，看到了一个人的成长，看到了他内心世界从狭隘、幼稚越来越走向完整、成熟的过程。毋庸置疑，在我们的成长过程中，因为种种原因，每个人都或多或少的犯过错，心里埋下了不为人知的秘密，可能是自己做过的一些难以启齿的卑劣事迹，也可能是伤害了不该伤害的人后的深深懊悔……背叛与救赎，失去和追寻，贯穿我们的成长。一次又一次的翻新过去的自己，只为更好地走向前方，谁能说，成长，不是与自己的一场博弈呢？

放风筝，追风筝。两个男孩的友情由这里起，也由这里结束。

风筝的脆弱好似两人关系的写照，一主一仆，永远有着身份地位高低的区分。哈桑对阿米尔的忠诚总让人心痛，他坐在树下仰着头认真听少爷阿米尔念故事；他为了帮少爷捡回那个蓝风筝，被一群恶霸孩子堵在巷子里殴打得浑身是血；他即使明知被栽赃"偷窃"，却还是不肯说出真相只是不住地掉眼泪。有人说，他这是愚忠。我更愿意相信这是一个孩子的赤子之心，因他一直把阿米尔认作"朋友"，为你，千千万万遍。

说出来好像很欠揍。阿米尔当时陷害哈桑的做法和动机，我能理解他。自己是一个完美主义的人，在一些情境里，也算是眼里容不得沙子。往往，越珍视越喜欢的东西，就越容不得一点点瑕疵。对与错的界限，划分得太过明显。正因如此，阿米尔在对哈桑心存愧疚后不敢面见哈桑，其实真正不敢面对的是当时懦弱、卑劣的自己。小孩子的内心装的东西不多，一丁点的小事都可能被放大了无限倍来看。更何况哈桑就和自己住在一个屋檐下，每天面见他一次，就是被提醒了一次自己卑劣、自私的另一个自我。想必换做成年人也没有人愿意经受这样反复的折磨。

有人说，人都是坏的，只是坏的程度不一样。

换个角度来看，我们也可以说，人都是好的，只是好的程度不一样。

小说的安排独具匠心。阿米尔喜欢的女子，在结婚前告诉他关于自己过去的事情，问他还能不能接受她。阿米尔回答说"当然"，看到这里，我的喉头一阵哽咽。一个人，得要经历多少苦难与折磨，才能慢慢将棱角抹去，丢掉执拗与自私，学会忍耐，学会平静地接受遗憾，接受不完美。成长的得与失，如鱼饮水，冷暖自知。

但是，无论如何，我们还是长大了，或者说，我们还是在成长中了。

只是，那些逝去的，是不是可以再回来身边。我追。一个成年人在一群尖叫的孩子中奔跑。但我不在乎。我追，风拂过我的脸庞，我唇上挂着一个像潘杰希尔峡谷那样大大的微笑。

一日难再晨。人生能有几个十年，又有几个人能在十年里陪你成长，用尽心力取悦你，为你欢喜为你忧。为你，千千万万遍。

（作者：苏木）

（三）
勇敢去原谅

当我一口气看完了阿富汗裔作家卡勒德·胡塞尼的小说《追风筝的人》时，我觉得很震撼。尤其是在看到全书的最后，主人公带着哈桑的儿子在风里追风筝的时候，那种快乐和解脱更是让人心动不已。

小说其实是男主人公阿米尔寻找心灵救赎的回忆录。

阿米尔从小生活在阿富汗一个富足的家庭里，他的爸爸为人正派高尚，非常有威望。仆人阿里是阿米尔做法官的爷爷收养的一个小孤儿，他跟阿米尔的父亲从小一块长大，情同手足。他的儿子小哈桑是个先天有缺陷、长着小兔唇的孩子，是阿米尔童年最亲密的伙伴。哈桑也和阿米尔一样，很小的时候就没了妈妈。他对阿米尔忠心耿耿，就像自己的父亲对阿米尔父亲那样的死心塌地，无论是阿米尔做了什么，他总是一味地信任跟包容。在阿米尔遭受坏孩子的欺负的时候，他也是挺身而出，为朋友两肋插刀。可是，在阿米尔的内心深处却清楚地感觉到，自己并没有把这个出身低贱、目不识丁的哈桑当作自己的朋友。

在阿富汗，一直都有冬天赛风筝的传统，并且按照惯例，那些被击落的风筝可以被看作是胜利者的奖赏。哈桑聪明机灵，是个追风筝的能手，1975年那个冬天的赛风筝会却让阿米尔和哈桑友情彻底决裂。那次的比赛中，阿米尔成了冠军，哈桑为小主人去追那只被击落的风筝。"为你，千千万万遍。"哈桑高呼着跑出来，回过头来朝阿米尔微笑。——这样的一个微笑，在哈桑离开的很多年后，阿米尔都还记得。

习惯了哈桑的一诺千金，阿米尔知道他肯定能顺利完成任务，他满心欢喜地等着哈桑为自己带来战利品，可哈桑迟迟没有回来，阿米尔只好出去寻找。可他在找到哈桑的那一刻惊呆了，原来，追到风筝的小哈桑遇到了麻烦：他正被几个曾经找过阿米尔麻烦的坏孩子胁持。对方逼迫他拿出风筝，而哈桑不愿意，于是，势单力薄的他因此遭受了自己人生最大的耻辱——被这几个坏孩子强暴了！而即使是这样，他死命地保护好那只被击落的风筝。——残酷的一幕，被站在巷口的阿米尔全部看在了眼里，可是，他却没有勇气上前制止！

这次事件之后，阿米尔的内心就开始被羞愧与痛苦所折磨，他知道自己很对不起朋友，自己的懦弱、虚伪愧对朋友的忠诚。这样的感觉一直把他压得喘不过气来，终于，他在父亲面前撒谎说哈桑是小偷，让父亲赶他们走。而即使是这样莫须有的伤害，哈桑也毫无怨言地承认了。虽然父亲执意留下他们，他们还是黯然地离开了。

后来，阿米尔随父亲去了美国，先前优越的生活没有了，他们过得很窘迫，可父亲还是一贯地有担当。靠着父亲卖力地打苦工，阿米尔顺利地完成了学业，开始工作、恋爱、结婚，直到父亲去世。对他而言，平淡的生活正好是他用来淡忘过去回忆的良方。

父亲去世后的某一天，阿米尔意外得知哈桑居然是自己同父异母的弟弟！可待他回到阿富汗，哈桑却已经死去，阿米尔找到他留下的孩子，往事一幕幕涌上心头，他带着这个小侄儿，决定替哈桑承担做父亲的责任。在跟哈桑的儿子谈到他父亲追风筝的时候，阿米尔充满了钦佩和尊敬。他带着哈桑的小儿子一起去放风筝，这一次，他听到自己在对哈桑的孩子说着当年哈桑对自己所说的那句话："为你，千千万万遍。"

累积多年的忧郁和自责终于在那一刻释放。在那一刻，阿米尔或许也明白了，与其终日忏悔，郁郁寡欢，还不如去为解脱，为救赎而努力。

这本小说是阿富汗一位名不见经传的作家卡勒德·胡塞尼的第一本小说，出版后大获好评，获得各项新人奖，并跃居全美各大畅销排行榜。我想，小说这么受欢迎的原因就是他写了太多可以触及我们内心的东西。我们当中许多人大概都面临过与阿米尔类似的困境：在生命某个成长的阶段，总会有过那么一次深刻的错误、缺陷、遗憾，甚至难堪，让我们耿耿于怀、痛心疾首，即使有过千百回的反思、痛悟、自责也难找出口。或许我们不会像主人公阿米尔那样长久地受其折磨，或许我们也会偶尔假装遗忘，但只要我们愿意选择继续保持着清醒，那么这些记忆还是会像梦魇一样，隐藏在内心深处，伺机发作。没有人愿意因为一次的错误就甘心承认自己是堕落的、丑恶的，所以，我们也会像主人公阿米尔一样，在苦苦地寻找那个打开自己心结的钥匙。

在反复的挣扎与矛盾中，小说中的阿米尔渐渐有所了悟，其实，有着不光彩过去的并不只是自己一个：他的未婚妻也有过离经叛道的往事；自己奉若神明的父亲，一个大义高洁的父亲，也会背叛朋友……"人非圣贤，孰能无过"？可不同的是，他们都没有像阿米尔那样，将罪恶感压抑在心底，毫无作为地折磨着自己。未婚妻把过去坦诚地告诉爱人，就已表明其实她已从过去走出来；而父亲，虽然生前也没有承认弟弟的身份，但却用自己的实际行动表明了他对哈桑深沉的爱。他们都选择了勇敢去面对那些不堪的往事。摆在阿米尔面前的选择是：要么继续过着以前那种暗无天日的生活，将沉重的罪恶感继续背负，要么抬起胸膛，走出往事，勇敢原谅，给自己机会去弥补生命的缺口。

我们最后在小说的结尾看到：

"它只是一个微笑,没有别的了。它没有让所有事情恢复正常。它没有让任何事情恢复正常。只是一个微笑,一件小小的事情,像是树林中的一片叶子,在惊鸟的飞起中晃动着。

但我会迎接它,张开双臂。因为每逢春天到来,它总是每次融化一片雪花;而也许我刚刚看到的,正是第一片雪花的融化。

我追。一个成年人在一群尖叫的孩子中奔跑。但我不在乎。我追。风拂过我的脸庞,我唇上挂着一个像潘杰希尔峡谷那样大大的微笑。

我追。"

阿米尔找到了自己向往的答案!

《追风筝的人》为我们寻找到心灵安定的力量:那就是敢于正视自己的错误,不仅仅是悔恨,不仅仅是内疚和自责,更重要的是,我们要勇敢原谅!原谅那些过错和阴暗,原谅那些伤害,振作开朗,建设性地对待未来的人生。也许,从这个角度上说,我们每个人也许都是追风筝的人吧。

那在半空中飘飞不定的风筝,或许就象征着那迟迟不肯落地、无法让我们安心的责难。我们每个人都在它的下面追逐、奔跑,无论多苦多累也在所不惜。幸运的人或许可以找到风筝的落点,不幸的人或许要劳其终身,怎么追也追不到……《追风筝的人》给了我们暗示:只要相信它会终有落下的那一天,只要相信自己可以找到正确的方向,终有一天,风筝会被追到,并且平静安稳地停落在我们的掌心。

——只是你不能放弃,只是你应该学会勇敢去原谅!

(作者:王菲)

图书在版编目（CIP）数据

语文来了.6/张伟忠主编.—济南：济南出版社，
2018.1
　ISBN 978-7-5488-2951-5

　Ⅰ.①语… Ⅱ.①张… Ⅲ.①中学语文课—初中—教学参考资料　Ⅳ.①G634.303

中国版本图书馆 CIP 数据核字（2018）第 004605 号

本书部分文字与图片作者无法取得联系，在此深表歉意。敬请作者及时与我们联系，我们将按国家有关规定支付稿酬并赠送样书。联系电话:0531-86131713

出 版 人	崔　刚
项目策划	周家亮
责任编辑	张雪丽　班　经
封面设计	胡大伟
出版发行	济南出版社
地　　址	山东省济南市二环南路1号（250002）
发行热线	0531-86922073（省内）　0531-67817923（省外）
印　　刷	肥城新华印刷有限公司
版　　次	2018年1月第1版
印　　次	2018年6月第1次印刷
成品尺寸	170 mm×240 mm　16开
印　　张	8.75
字　　数	132千字
定　　价	32.00元

（济南版图书，如有印装错误，请与出版社联系调换。联系电话:0531-86131716）